Como Eu Ensino

Texto e gramática

Uma visão integrada e funcional para a leitura e a escrita

Como Eu Ensino

Texto e gramática
Uma visão integrada e funcional para a leitura e a escrita

Antônio Suárez Abreu

Editora Melhoramentos

Abreu, Antônio Suárez
　　Texto e gramática: uma visão integrada e funcional para a leitura e a escrita / Antônio Suárez Abreu. São Paulo: Editora Melhoramentos, 2012. (Como eu ensino)

　　ISBN 978-85-06-00448-7

　　1. Educação e ensino. 2. Técnicas de ensino – Formação de professores. 3. Linguagem – Técnicas de ensino. I. Título. II. Série.

CDD 370

Índices para catálogo sistemático:
1. Educação e ensino 370
2. Formação de professores – Ensino da Educação 370.7
3. Psicologia da educação – Processos de aprendizagem - Professores 370.15
4. Linguagem – Técnicas de ensino 371.33

Obra conforme o Acordo Ortográfico da Língua Portuguesa

Organizadores Maria José Nóbrega e Ricardo Prado

Coordenação editorial Estúdio Sabiá
Edição Bruno Salerno Rodrigues
Preparação de texto Olga Sérvulo
Revisão Hebe Lucas, Leandro Morita
Pesquisa iconográfica Monica de Souza
Capa, projeto gráfico e diagramação Nobreart Comunicação

© 2012 Antônio Suárez Abreu
Direitos de publicação
© 2012 Editora Melhoramentos Ltda.

1.ª edição, 3.ª impressão, setembro de 2015
ISBN: 978-85-06-00448-7

Todos os esforços foram envidados para localizar todos os detentores de direitos sobre as imagens deste livro. Se porventura for encontrada alguma omissão, solicitamos aos eventuais detentores que entrem em contato com a editora, que terá a maior satisfação em resolvê-la.

Atendimento ao consumidor:
Caixa Postal: 11541 – CEP: 05049-970
São Paulo – SP – Brasil
Tel.: (11) 3874-0880
www.editoramelhoramentos.com.br
sac@melhoramentos.com.br

Impresso no Brasil
Impresso na BMF

Apresentação

De que maneira uma pessoa configura sua identidade profissional? Que caminhos singulares e diferenciados, no enfrentamento das tarefas cotidianas, compõem os contornos que caracterizam o professor que cada um é?

Em sua performance solitária em sala de aula, cada educador pode reconhecer em sua voz e gestos ecos das condutas de tantos outros mestres cujo comportamento desejou imitar; ou silêncios de tantos outros cuja atuação procurou recalcar.

A identidade profissional resulta de um feixe de memórias de sentidos diversos, de encontros e de oportunidades ao longo da jornada. A identidade profissional resulta, portanto, do diálogo com o outro que nos constitui. É coletiva, não solitária.

A coleção Como Eu Ensino quer aproximar educadores que têm interesse por uma área de conhecimento e exercem um trabalho comum. Os autores são professores que compartilham suas reflexões e suas experiências com o ensino de um determinado tópico. Sabemos que acolher a experiência do outro é constituir um espelho para refletir sobre a nossa própria e ressignificar o vivido. Esperamos que esses encontros promovidos pela coleção renovem o delicado prazer de aprender junto, permitam romper o isolamento que nos fragiliza como profissionais, principalmente no mundo contemporâneo, em que a educação experimenta um tempo de aceleração em compasso com a sociedade tecnológica na busca desenfreada por produtividade.

A proposta desta série de livros especialmente escritos *por professores para professores* (embora sua leitura, estamos certos, interessará a outros aprendizes, bem como aos que são movidos incessantemente pela busca do conhecimento) é sintetizar o conhecimento mais avançado existente sobre determinado tema, oferecendo ao leitor-docente algumas ferramentas didáticas com as quais o tema abordado possa ser aprendido pelos alunos da maneira mais envolvente possível.

O texto e a gramática na coleção Como Eu Ensino

O ensino da gramática escolar segue, praticamente, orientado pela descrição de unidades linguísticas como fonemas, sílabas, morfemas, palavras, frases. Tal tratamento didático autorizou o paradoxo de consentir que estudantes falantes nativos da língua, ao final do ensino médio, depois de no mínimo doze anos de escolaridade, sustentassem não saber português.

Há uma enorme produção acadêmica que, realizando o diagnóstico do ensino da língua, procurou apontar outras vias para romper com essa tradição, privilegiando a articulação entre as práticas de análise e a reflexão linguística com as de leitura e de produção de textos. Nessas concepções, o texto é a unidade de ensino.

Mas, ao trazer o texto para a sala de aula, cometeu-se o equívoco de imaginar que, percorrendo os sucessivos níveis de análise: agrupando fonemas, formando sílabas; juntando sílabas, compondo palavras; ordenando palavras, frases... ao final da linha de produção, fabricaríamos textos.

Só que o texto, construído pelos sujeitos em suas relações interacionais, unidade complexa de significação, exige dos interlocutores não só conhecimentos linguísticos. Os textos orais ou escritos que as pessoas produzem estão fortemente inseridos na situação, as estratégias empregadas decorrem de seus propósitos comunicativos. Histórica, a língua caracteriza-se, assim, pelo entrecruzamento de variedades, de registros, de gêneros textuais que refletem e refratam a vida dos diferentes grupos sociais que a utilizam.

Estudar um conjunto de tópicos gramaticais desprovido de qualquer articulação funcional não tem a menor razão de ser. O tratamento funcional evidencia o caráter flexível da estrutura da língua, que coloca à disposição dos falantes e escritores inúmeras formas alternativas de expressão.

O desafio colocado por Antônio Suárez Abreu é promover um ensino explícito da língua em consonância com as capacidades de compreensão e de produção oral ou escrita, isto é, permitir que o conhecimento da gramática dê oportunidade ao sujeito de tomar consciência das operações que realiza ao compreender ou produzir textos.

Maria José Nóbrega e Ricardo Prado

Sumário

1. A linguagem humana e as línguas do mundo 9
2. O que é um texto 16
3. O texto e suas referências 23
4. Construção da coesão textual 28
5. Algumas informações importantes sobre os pronomes 32
6. Coesão textual com o uso de advérbios de lugar,
   elipse e sinônimos 38
7. Substantivos abstratos na construção da textualidade 45
8. Sintaxe: eixo da textualidade 52
9. Quando o predicador é um adjetivo:
   funcionalidade do verbo ser 62
10. Gêneros de texto 68
11. Tipos textuais 71
12. Sintaxe como eixo da textualidade
    Verbo e sujeito: um caso de concordância 87
13. Aposto e vocativo, termos com função interdiscursiva 95
14. Sintaxe como eixo da textualidade
    As locuções verbais e os verbos auxiliares 103
15. Argumentação 110
16. A natureza dos argumentos e os argumentos
    quase lógicos 118
17. Argumentos baseados na estrutura do real 124

18. Falácias não formais 134

19. Algumas palavras sobre persuasão 142

20. Sintaxe como eixo da textualidade
    Concordância com o verbo ser 149

21. Sintaxe como eixo da textualidade
    Colocação dos pronomes átonos 159

22. Marcadores de atenuação 168

23. Sintaxe como eixo da textualidade
    Período composto: coordenação e subordinação 174

24. Sintaxe como eixo da textualidade
    Estudo das orações subordinadas 183

25. Polifonia e intertextualidade 203

26. Sintaxe como eixo da textualidade
    Estudo das orações adverbiais 210

27. Sintaxe como eixo da textualidade
    Complementação ao estudo do período composto 224

28. Informações em destaque: topicalização e clivagem 232

29. Pontuação: uso da vírgula 239

30. Uso do acento grave da crase 253

31. Escrever criativamente: projeções e figuras 260

32. Nova ortografia: o que mudou 270

Referências bibliográficas 287

O autor 296

Capítulo 1

A linguagem humana e as línguas do mundo

A linguagem articulada é uma faculdade exclusivamente humana e, por sua capacidade simbólica, representa um dos mais importantes fatores que nos diferenciam das outras espécies. As abelhas, as formigas, os lobos e os chimpanzés têm relações sociais, de poder, de hierarquia e comunicam-se entre si, mas o ser humano é o único que é capaz de criar representações abstratas. Isso lhe faculta ter consciência de si mesmo e, com a força da sua imaginação, explorar, além do presente, o passado e o futuro. Quando alguém diz algo como "Daqui a três dias estarei em Salvador", representa simbolicamente o tempo (três dias) e o espaço em que pretende estar futuramente (Salvador). Sem o uso da linguagem, isso seria impossível.

Os seres humanos não são os animais mais fortes do planeta, nem os mais ágeis, nem os que correm mais depressa. Revestidos por uma camada de pele fina e delicada, nossa proteção contra as agressões do meio ambiente e as intempéries é bastante limitada. O que nos transformou na espécie dominante do planeta foi o fato de sermos capazes de criar infinitos símbolos vinculados à articulação ordenada de sons. Isso nos deu a possibilidade de, explorando nossa inteligência, nos comunicarmos de maneira extremamente vantajosa em relação aos outros seres vivos. Somos a única espécie capaz de referenciar em ausência, ou seja, podemos falar de lugares e assuntos que não estão presentes no momento e na situação da enunciação. A linguagem, além de nos dar o privilégio, sobretudo por meio da escrita, de transmitir nossa herança cultural às gerações seguintes, acumulando conhecimento, possibilitou o desenvolvimento de um dos nossos maiores diferenciais competitivos: a capacidade de planejar o futuro.

O que é língua?

Uma língua pode ser definida como a linguagem particular de uma etnia, considerada, em sentido amplo, como uma comunidade humana que possui uma mesma vocação histórica e cultural. Uma etnia pode, portanto, incluir povos e raças diferentes, como a grande etnia dos países lusófonos, que compreende Portugal, Brasil, três países africanos e outras pequenas localidades. Afinal, o Brasil e esses outros países comungam a mesma vocação histórica e cultural de Portugal, pois foram colonizados por esse país. Não podemos, pois, associar uma língua a um só povo (comunidade que vive em um mesmo território e tem uma mesma estrutura política) e nem a uma só raça (comunidade que compartilha as mesmas características somáticas).

Países lusófonos ou onde se fala português: Portugal, Brasil, Angola, Moçambique, Guiné-Bissau, Cabo Verde, São Tomé e Príncipe, Macau e Timor Leste.

Dialetos regionais, dialetos sociais e registros

Mesmo no contexto de uma mesma etnia, a língua copartilhada não é falada da mesma forma. Diferenças vinculadas a regiões geográficas diversas são chamadas de "dialetos". Nesse sentido, podemos dizer que a língua portuguesa possui um dialeto português, um dialeto brasileiro, um dialeto angolano etc. E, dentro do Brasil, um dialeto paulista, um dialeto carioca, um dialeto gaúcho etc. Em países mais jovens, como o nosso, há uma tendência a diminuírem as diferenças entre os dialetos regionais, em função do desenvolvimento dos meios de comunicação de massa e da facilidade atual de deslocamento. Em países mais antigos, como os da Europa, as diferenças entre os dialetos regionais já estão bastante estratificadas, como é o caso da Espanha, em que o dialeto galego e o catalão mantêm, há séculos, diferenças importantes em relação à língua espanhola, que deriva do dialeto castelhano, aquele que era falado originalmente na região de Castela. O basco (*euskera* em basco) não é um dialeto, mas uma língua anterior à conquista romana, que, aliás, não tem sequer parentesco com as línguas indo-europeias.

Os dialetos sociais estão vinculados ao nível sociocultural das pessoas. Não é difícil reconhecer o estrato social de alguém pela maneira como fala. Em toda comunidade costuma haver um dialeto social prestigiado, representação idealizada da língua (geralmente o das pessoas letradas), também chamado de "língua padrão", e outros, desprestigiados (os das pessoas iletradas). Trata-se de uma avaliação social e de caráter meramente impressionista, uma vez que, do ponto de vista científico, todos os dialetos sociais têm a mesma importância linguística, embora difiram em suas opções gramaticais. Eticamente, todos eles merecem o mesmo respeito e a mesma consideração. A escola, embora tenha a obrigação de ensinar a todos a língua padrão, tem também a obrigação de respeitar os diferentes dialetos sociais de seus alunos.

Os registros estão vinculados às diferentes situações de interação discursiva entre os falantes. De modo prático, costumamos diferenciar um registro formal, aquele em que falamos "com todos os esses e erres", de um registro informal, mais relaxado. Em português do Brasil, em registro formal, diríamos: "O que você vai fazer amanhã à noite?". Em registro informal: "Que que cê vai fazê amanhã à noite?" Não se pode dizer, também, que o dialeto formal é certo e o informal é errado. Cada um deles é apropriado às suas circunstâncias específicas de interlocução. Seria difícil, por exemplo, ouvir, em uma conversa de namorados no Brasil, um deles dizer algo como: "Querida, dê-me um beijo, eu a amo muito!" O mais comum seria: "Querida, me dá um beijo, eu te amo muito!"

Jargão profissional

O jargão profissional é composto por um conjunto de termos específicos empregados por pessoas que exercem a mesma profissão. Nesse sentido, podemos falar em jargão jurídico, econômico, médico etc. No jargão jurídico, temos, por exemplo, petição, acórdão, embargos de terceiros; no econômico, ativos, base monetária, capital de giro; no médico, agregação plaquetária, ação antipirética, prognóstico fechado.

Gíria

A gíria, chamada "calão" no português de Portugal, é uma linguagem utilizada por certos grupos sociais para fazer humor ou distinguir-se de outros grupos. Possui caráter criptográfico, de forma a não ser entendida por quem não pertença ao grupo. Geralmente expressa oposição aos valores tradicionais da sociedade e tem também a função de preservar a segurança do grupo. As palavras são criadas a partir do vocabulário comum da língua e se tornam especializadas no contexto das pessoas que as utilizam. Exemplos disso são as palavras "picolé" e "chapéu de bruxa", empregadas, informalmente, pelos próprios agentes de trânsito para denominar os cones de sinalização de tráfego.

Mudanças nas línguas por meio do uso

Influenciadas pelo uso, pela história e pela cultura, as línguas mudam através do tempo. Tanto na pronúncia quanto no vocabulário e na sintaxe. A palavra "telefone", por exemplo, é pronunciada hoje no Brasil como [telefoni] e, em Portugal, [teefón]. Na década de 1950, não se falava em "computador", mas em "cérebro eletrônico". Por essa época, a palavra "legal" significava apenas aquilo que estava dentro da lei e, hoje em dia, todos sabemos que pode significar também aquilo que é bom, bonito, apropriado, como em "vestir uma roupa legal para ir a uma festa".

Veja este trecho de *Dom Casmurro*, de Machado de Assis, livro publicado em 1900:

> *Pádua enxugou os olhos e foi para casa, onde viveu prostrado alguns dias, mudo, fechado na alcova — ou então no quintal, ao pé do poço, como se a ideia da morte teimasse nele.*[1]

Hoje em dia, diríamos que Pádua tinha ficado "fechado no quarto" e não na "alcova" e que ficava "perto do poço" e não "ao pé do poço". Aliás, nenhum mora-

---

[1] ASSIS, Machado de. *Dom Casmurro*. Rio de Janeiro: Nova Aguilar, 1997, p. 862. (*Obra Completa*, v. 1.)

dor do Rio de Janeiro tem, hoje em dia, poço de água no quintal. Aliás, nem mesmo existem mais alcovas, que eram, dentro da arquitetura das casas da época, quartos de dormir sem comunicação com a parte externa da casa, portanto sem janelas, comunicando-se apenas com uma das salas.

Capítulo 2

O que é um texto

A primeira coisa importante a dizer sobre um texto é que ele é produto da intenção de alguém que o fala ou escreve. O resultado é uma sequência de sons ou letras cujo sentido vai ter de ser construído por quem o ouve ou lê, dentro de um determinado contexto. Imagine um pequeno texto como:

Receita de bolo de laranja: ingredientes

1/2 xícara de chá de manteiga
3 ovos inteiros
1 laranja-pera com casca cortada em 4 pedaços
1 xícara de chá de açúcar
1½ xícara de chá de farinha de trigo
1 colher de sopa de fermento em pó

Bem, a intenção de quem escreveu esse texto é ensinar como se faz um bolo de laranja, não é mesmo? O sentido, porém, não vem pronto naquilo que está escrito. O leitor precisa ser capaz, primeiramente, de construir em sua cabeça a ideia de que 1/2 (um + barra inclinada à direita + dois) deve ser entendido como *meia* (concordando com a palavra xícara). A seguir, precisa entender que não deverá fazer chá de açúcar, de farinha de trigo, de manteiga ou sopa de fermento em pó, mas que "xícara de chá" e "colher de sopa" são medidores desses ingredientes (o nome técnico desses medidores é "classificadores partitivos"). Deve construir também, em sua cabeça, a ideia de que três ovos inteiros não significa incluir a casca, mas usar tanto a gema quanto a clara, e que, no caso da laranja pera, não é só a casca que deve ser cortada em quatro pedaços, mas a laranja toda.

Dizem que a maioria das pessoas é capaz de fazer isso automática e inconscientemente, mas eu não apostaria nisso. Para entender um texto, qualquer texto, as pessoas têm de construir o sentido dele dentro de suas próprias cabeças, utilizando informações prévias que fazem parte do seu repertório ou conhecimento enciclopédico de mundo. Quem não consegue fazer isso é chamado de "analfabeto funcional", aquele que sabe ligar sons a letras, entender palavras, mas é incapaz de atribuir sentido àquilo que lê. Resumindo:

> Texto + conhecimento enciclopédico do ouvinte ou leitor = sentido do texto.

Vejamos um outro texto, escrito por Joaquim Nabuco, em seu livro *Minha formação*, publicado em 1900, relatando os passeios que fazia acompanhado por um amigo, o Barão de Tautphoeus, nos arredores da ilha de Paquetá, no Rio de Janeiro, onde Nabuco possuía uma casa:

> *Quantas outras vezes, de dia, ao passearmos na mata ao lado da casa, quando se ia abrindo caminho para passarmos, não me pedia ele que não tocasse na natureza, que respeitasse o intricado, o selvático, o inesperado de tudo aquilo, porque aquela desordem era infinitamente superior ao que a arte pudesse tentar... Ele achava a mais pobre e árida natureza mais bela do que os jardins de Salústio ou de Luís XIV. Ah! Se tem sido ele o descobridor e possuidor da América, o machado nunca teria entrado nela... E o tição? Uma queimada era para ele igual a um auto-de-fé. O incêndio ao lamber essas resinas preciosas, essa seiva, esses sucos de vida, esse sem-número de desenhos caprichosos de artistas inexcedíveis cada um no seu gênero,*

modelos de cor e sensibilidade, todos eles únicos, parecia consumir com uma dor cruel, vibrante, todas as suas ligações sensíveis com a natureza e a vida universal, os nervos todos de sua periferia intelectual. [2]

Nesse texto, o conhecimento prévio de quem lê é posto à prova quando aparecem as referências aos jardins de Salústio e de Luís XIV que Tautphoeus achava inferiores à natureza em seu estado natural, sem intervenção humana.

Não é impossível que um leitor medianamente esclarecido em história associe os jardins de Luís XIV ao palácio de Versalhes, cujos imensos e belíssimos jardins tinham sua simetria matemática quebrada apenas por fontes e enormes espelhos d'água. Já a referência a Salústio exigirá a consulta a uma enciclopédia ou, nos tempos de hoje, ao Google, para saber que se trata de um historiador e senador romano que viveu no século I d. C. e que, depois de encerrada sua vida pública, retirou-se para uma mansão, em um bairro de Roma hoje chamado de Salustiano em sua homenagem, e que possuía jardins magníficos com esculturas, um obelisco e um templo dedicado a Vênus.

É importante também que o leitor saiba que auto-de-fé era um evento criado pela Inquisição, sobretudo na Espanha e em Portugal, em que os culpados de heresia eram queimados vivos.

Como vemos, o entendimento de um texto e sua localização no tempo e no espaço dependem do nosso conhecimento prévio de mundo.

Um outro exemplo interessante da importância da localização no tempo e no espaço pode ser visto no seguinte trecho de *Dom Casmurro*, de Machado de Assis:

---

[2] NABUCO, Joaquim. *Minha formação*, Rio de Janeiro: Topbooks, 1999, p. 213.

> *Grande foi a sensação do beijo; Capitu ergueu-se, rápida, eu recuei até a parede com uma espécie de vertigem, sem fala, os olhos escuros. Quando eles me clarearam vi que Capitu tinha os seus no chão. Não me atrevi a dizer nada; ainda que quisesse, faltava-me língua. Preso, atordoado, não achava gesto nem ímpeto que me descolasse da parede e me atirasse a ela com mil palavras cálidas e mimosas... Não mofes dos meus quinze anos, leitor precoce. Com dezessete, Des Grieux (e mais era Des Grieux) não pensava ainda na diferença dos sexos.[3]*

Trata-se do final do capítulo 23, denominado "O penteado", em que Bentinho, pela primeira vez, beija Capitu na boca. A maior parte dos leitores de hoje passa batido pelo comentário final a respeito de Des Grieux, mas em 1900, ano da publicação do livro, os leitores, que representavam a elite alfabetizada do país, sabiam muito bem quem era Des Grieux, personagem de uma narrativa com o nome de *Manon Lescaut*, musicada em ópera por Giacomo Puccini. Essa ópera foi apresentada muitas vezes, na época, no Rio de Janeiro. Des Grieux, um jovem cavalheiro francês, apaixona-se por Manon Lescaut, uma bonita jovem de condição social inferior, que o acaba arruinando, em função de pretender levar uma vida de luxo. Obviamente, o leitor daquela época, diante da menção de Des Grieux, imediatamente fazia ligação de Manon Lescaut com Capitu e estendia essa comparação como previsão do futuro dos jovens cariocas enamorados. Ficava no ar, já nesse início de romance, a sugestão de que Capitu poderia arruinar a vida de Bentinho. Pois bem, esse subentendido escapa completamente ao leitor moderno que não se

---
[3] ASSIS, Machado de. *Op. cit.*, p. 844.

interessar em informar-se sobre a citação de época do narrador.

Um outro fato importante na leitura de textos de outras épocas são os valores. Não podemos ler um texto antigo com os valores de hoje. Veja, a seguir, um trecho da carta enviada pelo padre Manoel da Nóbrega a Tomé de Sousa, no final de 1559, relatando o destino do primeiro bispo do Brasil, dom Pero Fernandes Sardinha, que foi devorado pelos índios caetés, no litoral da Bahia:

> ... mas nisso me ajude Vossa Mercê a louvar Nosso Senhor em Sua providência, que permitiu que, fugindo ele [o bispo Sardinha] dos gentios e desta terra, tendo poucos desejos de morrer em suas mãos, fosse comido deles; e a mim, que sempre o desejei e o pedi a Nosso Senhor, metendo-me nessas ocasiões mais que ele, me foi negado. O que eu nisso julgo, posto que não fui conselheiro de Nosso Senhor, é que quem isso fez quis porventura pagar-lhe suas virtudes e grande bondade, e castigar-lhe juntamente o descuido e pouco zelo que tinha da salvação do gentio. E castigou-o, dando-lhe em pena a morte, que ele não amava, e remunerou-o em ser ela tão gloriosa, como já contariam a Vossa Mercê que ela foi, pois se deu em poder de infiéis e em tão boas circunstâncias.[4]

À primeira vista, esse texto parece um contrassenso. Manoel da Nóbrega desejando, ele próprio, ser devorado pelos índios? Boas circunstâncias a morte do bispo Sardinha? Conhecendo, contudo, o momento histórico e os valores religiosos da época, tudo faz sentido. O bispo dom Pero Fernandes Sardinha não se preocupava com a catequese dos

---

[4] BUENO, Eduardo. *A coroa, a cruz e a espada*. Rio de Janeiro: Objetiva, 2006, p. 244.

índios, os gentios. Achava perda de tempo, pois, segundo ele, os nativos jamais seriam bons cristãos. Manoel da Nóbrega, que precedeu o bispo em Salvador, tendo chegado ao Brasil com a expedição de Tomé de Sousa, fundador da cidade, era um jesuíta fanático e acreditava, com toda a honestidade, que Jesus Cristo se comprazia com os sofrimentos humanos e com a mortificação da carne. Ele mesmo, às sextas-feiras à noite, costumava flagelar-se em público, no adro da igreja em Salvador.

Capítulo 3

O texto e suas referências

Possuindo uma linguagem articulada, o ser humano é capaz de referenciar em ausência, ou seja, comunicar-se com seus semelhantes a respeito daquilo que não está presente nem no espaço e nem no tempo da sua fala. Imagine alguém dizendo a um amigo: "No mês passado, eu comprei um relógio em Miami".

Ao dizer isso, ele faz referência a um tempo anterior, o mês passado, e a dois elementos que não estão no cenário da fala ou enunciação: um relógio e a cidade de Miami. Obviamente, quem fala aposta na certeza de que seu interlocutor tem conhecimento sobre o que sejam um relógio, a cidade de Miami e o ato de comprar. Afinal, ambos são falantes da mesma língua e compartilham um mesmo vocabulário.

Estamos falando até aqui de verbos (comprar) e substantivos (relógio, Miami). Há, entretanto, algumas pequenas palavras que ajudam a gerenciar essas referências em uma sintonia mais fina: os artigos. Quando o falante diz "comprei um relógio", apesar de ter certeza de que seu interlocutor sabe o que é um relógio na ordem das coisas, manifesta, por meio do artigo indefinido *um*, que o conhecimento específico sobre esse objeto não é compartilhado previamente por ele. Se dissesse "No mês passado, eu comprei o relógio em Miami", a situação seria diferente. O uso do artigo definido *o* sinaliza que seu interlocutor compartilhara previamente com ele a notícia sobre esse relógio, provavelmente por lhe ter dito, em um momento anterior, que pretendia comprá-lo. Os artigos (definido e indefinido) têm, portanto, a missão de gerenciar o compartilhamento prévio ou não das referências que são postas num texto.

O artigo definido (o, a, os, as) indica que a referência de um substantivo (ou grupo nominal cujo núcleo é um substantivo) foi compartilhada previamente, durante uma situação discursiva. Isso pode acontecer de três maneiras:

a) O substantivo nomeia alguma coisa que está presente no próprio ambiente. É o caso em que o falante aponta, por exemplo, para um relógio na parede da sala em que ambos se encontram e diz: "O relógio está atrasado".
   Esse tipo de referência recebe o nome de "referência dêitica".

b) O substantivo nomeia alguma coisa que, embora não esteja presente no cenário da fala, teve sua referência compartilhada, anteriormente, por ambos. É o caso do relógio que já fora mencionado anteriormente. Mas pode contemplar, também, uma situação em que ambos estão conversando num bar, à noite, e um deles diz: "Soube pelo noticiário da TV que amanhã o sol vai brilhar o dia inteiro".
   Veja que não há necessidade de que seja dia e de que os interlocutores estejam ao ar livre. Os dois, simplesmente, compartilham a ideia de que existe o sol.

c) O substantivo nomeia alguma coisa cuja referência acaba de ser compartilhada em uma frase anterior, como em: "Comprei ontem um computador. O computador tem tela de *leds*".
   Esse tipo de referência recebe o nome de "referência anafórica".

O artigo indefinido (um, uma, uns, umas) indica que o substantivo marcado por ele vai ser retomado mais à frente, como acontece, por exemplo, no início dos contos de fada:

Era uma vez um rei e uma princesa num reino distante...

Isso cria a expectativa de que os substantivos marcados por esses artigos serão retomados a seguir, o que de fato pode acontecer em uma frase seguinte, em que os artigos definidos substituem, anaforicamente, os indefinidos:

O rei e a princesa moravam há muito tempo no reino e a princesa ia fazer dezoito anos.

Conclusão: o artigo definido aponta sempre para o que precede a enunciação, seja no ambiente da fala, no repertório dos falantes ou em frases anteriores do texto. O artigo indefinido aponta sempre para a frente, para o que ainda há de vir ao longo do texto.

Como eu ensino

Explique as referências dos artigos no trecho a seguir:

*Minha mãe era boa criatura. Quando lhe morreu **o** marido, Pedro de Albuquerque Santiago, contava trinta e um anos de idade, e podia voltar para Itaguaí. Não quis; preferiu ficar perto d**a** igreja em que meu pai fora sepultado. Vendeu **a** fazendola e **os** escravos, comprou alguns que pôs ao ganho ou alugou, uma dúzia de prédios, certo número de apólices, e deixou-se estar n**a** casa de Matacavalos, onde vivera **os** dois últimos anos de casada.*[5]

---

[5] ASSIS, Machado de. *Op. cit.*, p. 816.

Instruções

Todos os artigos definidos do texto fazem referência ao conhecimento prévio do interlocutor. O autor do texto chama-se Bento Santiago e pressupõe que seu interlocutor, o leitor do romance *Dom Casmurro*, seja capaz de inferir que sua mãe tinha marido, que seu pai tinha sido sepultado em uma determinada igreja e que possuía uma pequena fazenda e certo número de escravos.

Na época, era costume os proprietários de escravos alugarem os escravos de que não precisavam no dia a dia, fazendo-os trabalhar para outra pessoa (pôr ao ganho) para auferir dinheiro extra.

Capítulo 4

Construção da coesão textual

Quando conversamos ou redigimos um texto, temos, quase sempre, de retomar as referências que fizemos em frases anteriores. Vejamos o trecho a seguir:

> *Ao contrário do que muitos possam pensar, o latim não é uma língua morta. Ele está mais vivo do que nunca. Não só vivo nas línguas neolatinas, mas em seu uso propriamente dito.*[6]

Nele, você pode observar que o pronome *ele*, na segunda frase, recupera o termo "o latim". O mesmo acontece com o pronome possessivo *seu* na terceira frase, que também recupera a referência ao latim.

Os chamados pronomes pessoais e possessivos funcionam como ferramentas para "amarrar" as frases umas às outras, dando coesão a elas. Mas serão apenas os pronomes pessoais e possessivos responsáveis por isso? Não. Os pronomes demonstrativos também têm essa função, como podemos ver no trecho abaixo (grifos do autor):

> Uma enzima *parece ser capaz de aumentar o tamanho do coração, em alguns casos beneficiando e em outros prejudicando o organismo. Isso pode ser bom quando o efeito é transitório, como acontece com quem faz exercícios físicos frequentes, já que* essa enzima *prepara o coração para enviar oxigênio e nutrientes para os tecidos do corpo de modo ainda mais rápido.*[7]

---

[6] ESCALA. *Língua portuguesa*. Site da revista *Língua portuguesa*. Disponível em: http://linguaportuguesa.uol.com.br/linguaportuguesa/. Acesso em: 28 dez. 2011.
[7] FIORAVANTI, Carlos; ZORZETTO, Ricardo. O sensor do coração. Pesquisa Fapesp, São Paulo, 190ª ed., p. 49, nov. 2011.

No texto, o pronome demonstrativo *isso* recupera o fato de o coração poder ter seu tamanho aumentado. A seguir, o pronome demonstrativo *essa* ("essa enzima") recupera o termo *uma enzima* na primeira frase. Note que a palavra "enzima" é repetida depois do pronome. Muitas vezes, porém, o demonstrativo modifica um sinônimo genérico do substantivo anterior, como podemos ver a seguir:

> *As chuvas atrasaram neste ano e a safra de soja foi menos afetada pela* ferrugem, *doença fúngica que tem trazido tradicionalmente pesados gastos para os produtores da oleaginosa. A presença menor dessa doença fez o gasto dos produtores com fungicidas recuar para R$ 2,1 bilhões até setembro, 3% menos do que em igual período de 2010*[8].

Doença é, no texto citado, um sinônimo genérico ou hiperônimo de *ferrugem*, assim como veículo seria hiperônimo de automóvel e ferramenta, de alicate etc.

Muitas vezes, apenas o hiperônimo basta para promover a coesão textual, como *veículo* que retoma *automóvel* em:

> O sucesso de um automóvel entre as pessoas não depende apenas do seu preço, custo-benefício, economia de combustível ou até mesmo do seu desempenho. Dentre os vários quesitos que podem influenciar na compra de um *veículo*, há também o visual.

---

[8] ZAFALON, Mauro. Brasil deverá atingir US$ 8,2 bi na venda de defensivos e superar EUA. *Folha de S. Paulo*, São Paulo, 4 nov. 2011, caderno Mercado. Disponível em: http://www1.folha.uol.com.br/fsp/mercado/me0411201124.htm. Acesso em: 16 dez. 2011.

Como eu ensino

Mostre, no texto a seguir, todas as maneiras que o autor utilizou para retomar a referência às borboletas.

> Esta manhã, casais de borboletas brancas, douradas, azuis, passam inúmeras contra o fundo de bambus e samambaias da montanha. É um prazer para mim vê-las voar, não o seria, porém, apanhá-las, pregá-las em um quadro... Eu não quisera guardar delas senão a impressão viva, o frêmito de alegria da natureza, quando elas cruzam o ar, agitando as flores. Em uma coleção, é certo, eu as teria sempre diante da vista, mortas, porém, como uma poeira conservada junta pelas cores sem vida... O modo único para mim de guardar essas borboletas eternamente as mesmas seria fixar o seu voo instantâneo pela minha nota íntima equivalente... Como com as borboletas, assim com todos os outros deslumbramentos da vida... De nada nos serve recolher o despojo; o que importa, é só o raio interior que nos feriu, o nosso contato com eles... e este como que eles também o levam embora consigo.[9]

---

[9] NABUCO, Joaquim. *Minha formação*. Rio de Janeiro: Topbooks, 1999, p. 20-21.

Capítulo 5

Algumas informações importantes sobre os pronomes

O uso dos pronomes na coesão textual é uma espécie de "adaptação". Explico: os pronomes, na comunicação oral, são utilizados, originalmente, para nomear os interlocutores ou seres em relação a esses interlocutores. Imagine a seguinte fala:

– *Eu* preciso falar com *você*. Soube que *você* quer vender *seu* carro. O *meu* já está velho e quero trocar. *Aquele* carro lá na rua é o *seu*?

Veja que o falante utiliza o pronome pessoal *eu* para nomear-se a si próprio e o pronome pessoal *você* para nomear seu interlocutor. Utiliza os pronomes possessivos *meu* para falar do carro que possui e *seu* para falar do carro possuído pelo interlocutor. Utiliza também o pronome demonstrativo *aquele* para situar um carro estacionado na rua, longe de ambos. Esse emprego dos pronomes recebe o nome de emprego dêitico, do grego *deíksis*, que significa demonstração, prova. Esses pronomes, utilizados dessa maneira, são chamados de "pronomes dêiticos".

Quando utilizados para retomar referências anteriores no texto, por um processo de adaptação, são chamados de "anafóricos", do grego *ana* (= para trás) e *phora* (transportar). Os pronomes empregados anaforicamente permitem, portanto, que a atenção do ouvinte ou leitor seja transportada "para trás" no texto, recuperando uma informação anterior.

Dos pronomes pessoais do caso reto, o único que tem uso anafórico é *ele*. Exemplo: "Meu primo chegou. *Ele* está ao telefone".

Os de primeira e segunda pessoa (eu, tu, você, nós, vós, vocês) são usados anaforicamente apenas nas formas oblíquas (me, te, o, lhe, vos), como em:

> Eu achei que você ia *me* chamar para ir com você.
> Aí, eu ia *lhe* pedir o convite.

Nessa frase, o *me* recupera anaforicamente o *eu*, e o *lhe* recupera anaforicamente o *você*.

Com relação aos pronomes demonstrativos (este, esse, aquele), é preciso lembrar que, numa situação de comunicação oral, eles servem para situar alguma coisa perto de mim (este), perto da pessoa com quem eu falo (esse) ou longe de nós dois (aquele), como no exemplo do carro longe dos dois interlocutores. Veja este outro:

> *Este* relógio que está no meu braço é mais caro do que *esse* que está no seu braço. *Aquele* que está na vitrine custa muito mais caro do que os nossos.

Atualmente, há um enfraquecimento da distinção entre os pronomes *este* e *esse*. É muito comum as pessoas dizerem "esse relógio no meu braço está atrasado", em vez de "este relógio no meu braço está atrasado".

Numa conclusão apressada, poderíamos entender, então, que é possível utilizá-los de qualquer maneira e que tanto faz dizer "Comprei um ventilador. *Este* ventilador tem três velocidades" como "Comprei um ventilador. *Esse* ventilador tem três velocidades".

Gramaticalmente, não há problema nenhum nisso. O problema aparece quando começamos a pensar em clareza. É bastante comum, quando escrevemos, empregarmos o pronome *este* para referir-nos ao próprio texto, e-mail, relatório, capítulo que estão perto de nós. Exemplos:

1. *Neste* meu relatório, vou relacionar apenas as compras do mês.
2. Quero, *neste* e-mail, dizer a você que não estou zangado.
3. *Neste* capítulo, pretendo desenvolver uma nova teoria.

Veja que, nesses exemplos, o pronome *este* tem natureza dêitica. Está apontando para aquilo que estou escrevendo, que está em minhas mãos ou na tela do computador diante de mim. Ora, se utilizo o mesmo pronome *este* para recuperar uma referência anterior, anaforicamente, meu texto pode ficar confuso, como em:

Nestas minhas notas, vou relacionar apenas as compras do mês. *Estas* compras foram pagas com cartão de crédito.

Fica melhor, portanto, reservar o *este* (esta, estes, estas) apenas para as situações dêiticas dos três primeiros exemplos e empregar *esse* (essa, esses, essas) em situações anafóricas. Esse último texto ficaria melhor da seguinte maneira:

Nestas minhas notas, vou relacionar apenas as compras do mês. *Essas* compras foram pagas com cartão de crédito.

O problema, repito, é clareza! Mas, e o pronome *aquele*? Bem, esse pronome pode ser usado em duas situações. A primeira delas acontece quando queremos mostrar uma distância no tempo, como em:

Há dez anos comprei um ventilador. *Aquele* ventilador tinha três velocidades.

A segunda situação, bem pouco usada atualmente, é quando *aquele* faz par com *este*, numa frase como:

> Comprei um ventilador e um aparelho de ar condicionado. *Este* gasta muito mais energia do que *aquele*.

Note que *este* se refere ao termo mais próximo (aparelho de ar condicionado) e *aquele*, ao mais distante (ventilador).

O pronome *este* pode ser usado na coesão textual quando sua referência aparecer depois dele em uma frase como:

> Depois que comecei minha dieta, obtive *estes* resultados: primeiro mês, menos 2 quilos; segundo mês, menos 3 quilos.

Esse tipo de relação, em que o pronome antecede sua referência, é chamado de relação "catafórica", para opor-se à relação anafórica que, como vimos, é aquela em que o pronome se refere ao que aparece antes dele.

Dois recursos de coesão que devem ser evitados

Há duas palavras utilizadas comumente como recurso de coesão, por pessoas que têm pouca familiaridade com a arte de escrever, e que podem ser evitadas: *mesmo* e *referido*. Exemplos:

1. Recebemos esta semana dez termômetros clínicos. Os *mesmos* ficarão no almoxarifado à espera das solicitações da Pediatria.
2. Recebemos esta semana dez termômetros clínicos. Os *referidos* termômetros ficarão no almoxarifado à espera das solicitações da Pediatria.

Veja, agora, como o uso de um hiperônimo deixa tudo muito mais claro e elegante:

Recebemos esta semana dez termômetros clínicos. *Esses instrumentos* ficarão no almoxarifado à espera das solicitações da Pediatria.

Veja, a propósito, o que diz o *Manual de redação e estilo* do jornal *O Estado de S. Paulo* sobre o emprego dessas palavras como recurso de coesão:

Mesmo (o). *É condenável o uso de* **o mesmo, a mesma, os mesmos, as mesmas** *para substituir pronome ou substantivos. Estão vetadas, dessa forma, construções reais como: A emissora vai definir como se fará a premiação, ou seja, como o público poderá participar "da mesma" / A moça voltou de viagem e "a mesma" fará amanhã o vestibular. / Os diretores da empresa reuniram-se ontem e os funcionários saberão amanhã as decisões "dos mesmos". / Cada vez que uma autoridade policial prendesse um bandido "a mesma" deveria ser condecorada.*

"Referido". *Use* **esse** *deputado,* **essa** *publicação, em vez de "referido deputado", "referida publicação" etc.*[10]

---

[10] MARTINS, Eduardo. *Manual de redação e estilo de O Estado de S. Paulo*. São Paulo: O Estado de S. Paulo, 1997, p. 177.

Capítulo 6

Coesão textual com o uso de advérbios de lugar, elipse e sinônimos

Os advérbios de lugar foram adaptados pela língua para poder ser usados de forma a retomar anaforicamente lugares citados anteriormente no texto, como em:

> *Ao abrir os olhos, no escuro, sem entender o que estava acontecendo, de repente me ocorre que, se tudo está tremendo assim, deve ser um terremoto. Entrava uma fresta de luz por baixo da porta, fui até lá e abri.*[11]

Ou em:

> *– Fui procurar um livro na sua estante.*
> *– E que livro foi?*
> *– Um romance.*
> *– Paulo e Virgínia?*
> *– Manon Lescaut.*
> *– Oh! – exclamou Estácio. – Esse livro...*
> *– Esquisito, não é? Quando percebi que o era, fechei-o e lá o pus outra vez.*[12]

Nos dois textos, o advérbio *lá* retoma, respectivamente, porta e estante, promovendo a coesão do texto.

O advérbio *aí* costuma, muitas vezes, retomar a circunstância de tempo de uma oração anterior. Exemplo:

---

[11] MACHADO, Ana Maria. Espanto e medo são primeiras sensações. *Folha de S. Paulo*, São Paulo, 10 mar. 2010, caderno Mundo. Disponível em: http://www1.folha.uol.com.br/fsp/mundo/ft0103201009.htm. Acesso em: 10 mar. 2010.
[12] ASSIS, Machado de. *Helena*. Rio de Janeiro: Nova Aguilar, 1997, p. 293. (*Obra Completa*, v. 1.)

Saí do avião e fiquei meia hora esperando a minha mala, como uma tonta. *Aí*, percebi, finalmente, que minha bagagem tinha sido extraviada.

Nesse caso, o advérbio *aí* retoma não um termo da oração anterior de forma específica, mas o momento em que decorre a ação narrada nessa oração.

Coesão por elipse

Uma outra maneira de recuperar a referência de um termo de uma frase anterior é confiar na flexão do verbo da frase que vem depois. Veja o seguinte texto:

> *A palavra 'dependente' começa a se cristalizar no universo da droga. Passou a constar da linguagem das famílias, da imprensa e até da polícia, substituindo aos poucos a antiga e rançosa 'viciado', para se referir a uma pessoa presa de uma substância que lhe altera os sentidos e da qual ela parece não poder prescindir. Para alguns, talvez seja uma firula semântica, sem maior significado. Para outros, é um avanço rumo à compreensão do problema.*[13]

A primeira frase começa assim: "A palavra 'dependente' começa a se cristalizar [...]". A frase seguinte começa: "Passou a constar na linguagem das famílias [...]". Bem, o que é que passou a constar na linguagem das famílias? Pela flexão do verbo (passou), sabemos que é a palavra dependente. É como se disséssemos: "A palavra 'dependente' passou a constar da linguagem das famílias". Pelo fato de não ter aparecido lexicalmente e ter a função de sujeito, dizemos que se tra-

---

[13] CASTRO, Ruy. Vício ou dependência. *Folha de S. Paulo*, São Paulo, 2 nov. 2009, caderno Opinião. Disponível em: http://www1.folha.uol.com.br/fsp/opiniao/fz0211200904.htm. Acesso em: 30 dez. 2011.

ta de um sujeito oculto ou elíptico. Nas duas últimas frases, acontece a mesma coisa:

> Para alguns, _____ talvez seja uma firula semântica, sem maior significado.
> Para outros, _____ é um avanço rumo à compreensão do problema.

É como se disséssemos: "Para alguns, a palavra 'dependente' talvez seja uma firula semântica, sem maior significado. Para outros, a palavra 'dependente' é um avanço rumo à compreensão do problema".

Coesão lexical ou léxica

A coesão lexical ou léxica é o processo pelo qual uma referência anterior é retomada por uma palavra sinônima, geralmente um hiperônimo (sinônimo mais geral). Vejamos o seguinte texto:

> Supermercados *precisam estocar milhares de produtos de marcas e tamanhos diferentes. Manter a contabilidade de quanto se tem de cada um deles é uma tarefa ingrata, mas absolutamente necessária para a sobrevivência da* **empresa**. *Durante a maior parte do século XX, a única forma de saber o que havia dentro de um supermercado era literalmente fechar as portas do* **local** *por um ou dois dias e contar um a um os produtos que estavam lá dentro. O procedimento, caro e cansativo, era feito usualmente mais de uma vez ao mês e servia de base para os gerentes das* **lojas** *fazerem a estimativa de quanto deveriam comprar ou não de um certo produto.*[14]

---
[14] GRECO, Alessandro. Código de barras. *Aventuras na História*, São Paulo, 19ª ed., mar. 2005. Disponível em: http://guiadoestudante.abril.com.br/estudar/historia/codigo-barras-434117.shtml. Acesso em: 29 maio 2009.

Veja que a palavra *supermercados* foi retomada por três hiperônimos: *empresa, local* e *lojas*. Esse tipo de coesão textual é usado, muitas vezes, para acrescentar detalhes, esclarecer alguma coisa ou até mesmo criar uma avaliação positiva ou negativa. Veja o texto a seguir:

> *Imagine você que, outro dia, passei na casa de um ateu patrício. É uma excelente figura de marido, pai, funcionário e rubro-negro. Mas esse meu amigo só fala aos berros, como o Salim Simão. E seu bom-dia, como o de Salim Simão, é um soco nos tímpanos. Coisa curiosa! Gosta de parecer um anticristo. Na noite em que o visitei, desabou uma tempestade. [...] Quando vi a dona da casa benzer-se, bem a entendi. Não há ocasião mais própria para um arroubo místico do que um toró. Sei de conversões ocorridas em temporais desvairados.*
> *E, por um momento, imaginei que o mau tempo ia precipitar* **aquele ímpio, aquele desalmado** *nos braços do Eterno.*[15]

A primeira retomada do termo *ateu patrício*, que aparece na segunda linha do texto, é feita, lexicalmente, pela expressão *esse meu amigo*. Veja que, além de realizar a coesão do texto, o autor acrescenta uma nova informação, a de que o tal ateu patrício é amigo dele. Mais à frente, retoma-o por duas outras expressões: *aquele ímpio, aquele desalmado*. Aqui, sobrepõe-se à funcionalidade da coesão uma tomada de posição, um julgamento negativo do autor em relação a seu personagem.

Esse julgamento pode ser também positivo, como no exemplo a seguir:

---

[15] RODRIGUES, Nelson. *A cabra vadia*. Rio de Janeiro: Agir, 2007, p. 88.

> *Jacinto e eu, José Fernandes, ambos nos encontramos e acamaradamos em Paris, nas escolas do bairro latino – para onde me mandara meu bom tio Afonso Fernandes Lorena de Noronha e Sande, quando aqueles malvados me riscaram da Universidade por eu ter esborrachado, numa tarde de procissão, na Sofia, a cara sórdida do dr. Pais Pita. Ora, nesse tempo Jacinto concebera uma ideia... Este príncipe concebera a ideia de que o "homem só é superiormente feliz quando é superiormente civilizado".[16]*

Trata-se do início do romance *A cidade e as serras*, que narra as duas fases da vida do personagem Jacinto de Tormes. A primeira delas em Paris, ligado às benesses da civilização, e a segunda, em Tormes, Portugal, sua terra natal. Para sugerir o refinamento e a elegância de Jacinto em plena Paris da *belle époque*, José Fernandes, personagem de Eça, o retoma, pela coesão textual, chamando-o de *príncipe*. É uma avaliação positiva.

Veja este outro trecho retirado do livro *Sodalício com Assis Chateaubriand* (sodalício quer dizer convivência), de autoria de Pietro Maria Bardi:

> *Quando acabou de se barbear, às pressas, pois íamos embarcar naquela manhã rumo a Nova York, [Chateaubriand] pediu-me o favor de liquidar sua conta no hotel. Abriu uma gaveta e me entregou um pacote de notas de dez mil: quatrocentos mil francos.*
>
> *Sabia que os pequenos ou polpudos gastos eram pagos pelo caixa do Plaza-Athenée. A conta somava 366 mil e uns quebrados; conferi as notas, paguei e subi com os recibos e o troco. Censurou-me:*

---

[16] QUEIRÓS, Eça de. *A cidade e as serras*. Porto Alegre: L&PM, 1998, p. 6.

> *– Por que o senhor não deixou o troco ao caixa?*
> *Eram estes os pourboirs do* Generoso.
> *O* Pródigo, *ao sair do escritório, apagava as luzes. Seu rígido princípio de economia levou-me a comentar o desperdício que se notava nas mesas.*[17]

Veja que os termos utilizados por Bardi para retomar positivamente Chateaubriand, por coesão léxica (o Generoso e o Pródigo), estão em perfeita sintonia com o fato que acaba de narrar.

---

[17] BARDI, Pietro Maria. *Sodalício com Assis Chateaubriand.* São Paulo: Museu de Arte de São Paulo, 1982, p. 13-14.

Capítulo 7

Substantivos abstratos na construção da textualidade

Como visto nos capítulos anteriores, quando se escreve um texto, há necessidade de retomar referências que constam em uma oração anterior, como em:

O *presidente* viajou à *Coreia do Sul*. *Lá*, *ele* proferiu um discurso em inglês.

Nesse caso, na segunda oração, *ele* retoma o termo *presidente*, e *lá*, *Coreia do Sul*. Há também momentos em que temos de retomar não um elemento isolado, mas todo um evento narrado anteriormente, como acontece em:

O presidente discursou durante uma hora. Esse *fato* atrasou a cerimônia e o jantar.

Veja-se que a palavra *fato*, na segunda frase, recupera o conteúdo inteiro da frase anterior, ou seja, o presidente ter discursado durante uma hora, e não um elemento apenas. Outra possibilidade seria o uso do demonstrativo neutro *isso*:

O presidente discursou durante uma hora. *Isso* atrasou a cerimônia e o jantar.

Veja que interessante: os pronomes demonstrativos neutros (isto, isso, aquilo) são usados para apontar coisas no ambiente de uma comunicação oral (situação dêitica), como em: "Isso vai ficar na sala, aquilo, na garagem". Mas, em seu uso anafórico ou textual, referem-se sempre a eventos. *Isso* poderia ser substituído por *aquilo*, no exemplo em pauta, provocando um distanciamento maior no tempo:

> O presidente discursou durante uma hora. *Aquilo* atrasou a cerimônia e o jantar.

Além dessas duas palavras, é bastante comum o uso de substantivos abstratos, como em:

> Reinaldo comprou um medicamento para controle de pressão arterial no site da rede de drogarias. Pagou a *compra* com 10 por cento de desconto.

Veja que o substantivo abstrato *compra* retoma toda a frase anterior: "Reinaldo comprou um medicamento para controle de pressão arterial no site da rede de drogarias". Trata-se de um processo de coesão lexical altamente econômico, pois elimina a necessidade de se repetir a frase. Eis, aí, uma das mais importantes funções dos substantivos abstratos.

Assim como usamos hiperônimos de substantivos concretos, como *veículo*, para recuperar a palavra *carro* em uma frase anterior – como em "Comprei ontem um carro na concessionária. O veículo será liberado na 2ª feira" –, podemos também utilizar hiperônimos dos substantivos abstratos para fazer a coesão – como em "Reinaldo comprou um medicamento para controle de pressão arterial no site da rede de drogarias. Pagou a *operação* com 10 por cento de desconto".

Veja que o substantivo *operação* foi empregado para recuperar a compra do medicamento.

A natureza dos substantivos abstratos

Ao contrário dos substantivos concretos, que designam seres que têm existência própria, tanto no universo natural – como mesa, árvore, avião – quanto no universo da nossa imaginação – como fantasma, duende, Papai Noel –, os substantivos abstratos designam propriedades – ações, qualidades e sentimentos, estados – concebidas como se existissem separadas dos seres a que estão ligadas. Exemplos:

- Ações: corrida, evolução, salto, ataque.
- Qualidades: pureza, feiura, vaidade, paciência.
- Estados: estado, estrago, presença, ausência.
- Sentimentos: amor, ódio, desejo, tristeza.

Por um artifício do pensamento, toma-se a ação, a qualidade, o estado ou o sentimento dos seres e imagina-se que existam separados deles. Na frase "O carro corre", por exemplo, a palavra *corre* aparece como verbo (uma ação atribuída ao carro). Podemos, porém, imaginar a ação de correr como se ela existisse por si mesma, separada do carro. Criamos então a palavra *corrida*, que é um substantivo abstrato, isto é, abstraído ou separado do ser que o suporta. Abstrair vem do latim: *abs* = longe, afastado + *trahere* = levar, significando, portanto, em sua origem, levar para longe, afastar, separar.

Os substantivos abstratos são obtidos transportando, por derivação, os significados de verbos e adjetivos para a classe dos substantivos. Exemplos:

comprar	→	compra
amar	→	amor
feliz	→	felicidade
belo	→	beleza

Acabamos de ver que fazemos isso para termos condições de recuperar, por coesão léxica, toda uma oração anterior como em:

Vera *vendeu* seu apartamento. Essa *venda* vai dar condições a ela de comprar um maior.

Um ponto importante a ser observado é que, enquanto um verbo ou um adjetivo tem de aparecer sempre com todos os seus "atores", os substantivos abstratos deles derivados podem aparecer sem nenhum deles. Em outras palavras, se dissermos coisas como "Vendeu" ou "Está feliz" dessa forma, essas sequências ficariam soltas no ar, uma vez que não sabemos quem vendeu ou o que foi vendido, nem quem está feliz. Precisamos, portanto, agregar esses "atores" em suas funções sintáticas, dizendo, por exemplo, "*Vera* vendeu o *apartamento*" ou "*Vera* está feliz".

Os substantivos abstratos, entretanto, dispensam essa necessidade. Isso permite que, além de utilizá-los como mecanismo de coesão textual, como vimos, possamos empregá-los em situações em que nos interessa usar o sentido de verbos e adjetivos, mas dispensar "atores", como em:

No próximo Natal, as vendas devem crescer substancialmente.

Ou em:

A felicidade é o desejo de todos os seres humanos.

Veja que, no primeiro exemplo, não interessa dizer que loja vai vender nem que produtos serão vendidos; e, no segundo, quem é o ser humano que deseja ser feliz. Pode acontecer, também, de o falante querer omitir um argumento, mantendo outro, como em:

Minha mãe foi à cidade fazer uma compra, mas volta logo.

Nesse caso, o agente (minha mãe) foi mantido, mas o objeto da compra foi descartado. Se usássemos o verbo original e não o substantivo abstrato derivado, não poderíamos fazer isso, pois a frase ficaria bastante estranha:

Minha mãe foi à cidade comprar, mas volta logo. (?)

Podemos também, se quisermos, manter todos esses elementos junto a um substantivo abstrato, em uma frase como:

A compra do presente por minha mãe aconteceu ontem.

Isso é, contudo, bastante raro, principalmente no que se refere ao agente. Até mesmo nas frases em voz passiva, sua presença é quase nula.[18]

De qualquer modo, quando ficam alguns termos ao lado de um substantivo abstrato, os que seriam complementos de um verbo transitivo (portanto complementos verbais como objeto direto ou indireto), passam a ser complementos desse substantivo ou nome e recebem, por isso, o nome de "complementos nominais". Exemplos:

Vera vendeu o apartamento.
o apartamento = objeto direto

A venda do apartamento
do apartamento = complemento nominal

Vera emprestou o apartamento ao irmão.
ao irmão = objeto indireto

---

[18] Cf. CAMACHO, Roberto. Construções de voz. In: ABAURRA, M. B. M.; RODRIGUES, A. C. S. (org.). *Gramática do português falado*. Campinas: Unicamp. v. VIII, p. 304.

O empréstimo ao irmão
ao irmão = complemento nominal

Como eu ensino

Identificação de função de substantivos abstratos

Leia o texto a seguir:

Na corte de Viena, as princesas eram preparadas de forma metódica para servir ao Estado, o que significava engravidar e parir a prole mais numerosa e saudável possível para seus futuros maridos príncipes, reis e imperadores. Nessa função, amor e felicidade no casamento eram coisas acessórias, com as quais jamais deveriam contar.[19]

Tarefa: indique, no texto, o trecho recuperado anaforicamente pelo substantivo abstrato "função".

---

[19] GOMES, Laurentino. *1822*. Rio de Janeiro: Nova Fronteira, 2010, p. 129.

Capítulo 8

Sintaxe: eixo da textualidade

Os substantivos podem trazer para o texto que produzimos referências presentes na própria situação de comunicação, como em "Veja essa casa" (apontando a casa), e, mais frequentemente, referências que estão presentes apenas na memória dos interlocutores. Imaginemos, por exemplo, que duas pessoas estivessem conversando na cidade de São Paulo, um dia depois do terremoto que abalou o Japão, e uma delas dissesse:

— O terremoto que aconteceu ontem no Japão matou mais de mil pessoas.

Os substantivos *terremoto*, *Japão* e *pessoas* trazem à mente do interlocutor um evento, um lugar e seres que estão ausentes do cenário e do momento da comunicação. Os artigos definidos antes de *terremoto* e *Japão* indicam que quem fala acredita que seu interlocutor compartilha, previamente, a informação de que houve um terremoto e de que ele aconteceu no Japão.

Vamos, agora, falar de outras classes de palavra: os verbos e os adjetivos. Essas classes precisam sempre de outras palavras, agregadas a elas, para que se possa construir algum sentido. Se alguém diz algo como "comprou" e "bonitas" é normal que as pessoas perguntem *quem comprou e o que foi comprado* e *quem são as pessoas ou coisas bonitas*. Ou seja, verbos e adjetivos precisam sempre de outras informações e, por isso, são chamados de *predicadores*. Completando as informações exigidas por esses dois predicadores, poderíamos dizer, por exemplo:

Minha prima comprou *um carro novo.*
As meninas são bonitas.

No primeiro caso, vemos que *comprar* exige um agente (no caso *minha prima*) e um objeto afetado (no caso *um carro novo*), para que possa funcionar em uma situação comunicativa. No segundo caso, *bonitas* exige um ser afetado pela beleza (no caso, *as meninas*). Esses elementos, que chamamos "atores" no capítulo anterior, recebem no nome sintático de argumentos. Esquematizando:

Predicadores	**Argumentos**
COMPRAR	[agente, objeto afetado]
BONITO	[ser afetado]

Os argumentos não existem soltos, na fala, em relação a seus predicadores. Assumem aquilo que chamamos de *funções sintáticas*. Exemplo:

Minha prima comprou um carro novo
    sujeito   complemento
                       (objeto direto)

Essa estrutura em que um predicador se reúne aos seus argumentos com funções sintáticas definidas recebe o nome de oração. O argumento com o qual o verbo concorda recebe o nome de *sujeito* e o argumento que complementa diretamente o verbo (sem auxílio de preposição) recebe o nome de *objeto direto*. No caso do primeiro predicador, poderia haver uma solução diferente, se construíssemos uma oração na voz passiva:

Um carro novo foi comprado por minha prima.

Veja que, agora, o verbo (*foi comprado*) concorda com *um carro novo*, que assume a função de sujeito, e o agente assume a função de complemento, recebendo o nome de *complemento agente da voz passiva*.

No caso do segundo predicador, teríamos apenas uma opção:

As meninas são bonitas.

Neste caso o sujeito é *as meninas*, pois o verbo *ser* concorda com esse argumento, e *bonitas* recebe o nome de *predicativo do sujeito*.

Outro exemplo:

DAR [agente, objeto afetado, dativo]

Minha prima deu um DVD ao namorado.

Temos aqui o agente no papel de sujeito (minha prima), o objeto afetado no papel de objeto direto (um DVD) e o dativo, que é normalmente a pessoa beneficiada pela ação do verbo, no papel de objeto indireto (ao namorado). Esse complemento recebe esse nome porque é ligado indiretamente, por meio de uma preposição, ao verbo predicador.

Se não existe um termo da oração com o qual o verbo concorda, a oração não tem sujeito, obviamente. É o que acontece com verbos que significam fenômenos da natureza, como *chover* e *ventar,* e com o verbo *haver*:

1. Choveu muito em janeiro.
2. Ventava muito na praia.
3. Havia muita gente no restaurante.

Como eu ensino

O professor poderá pedir aos alunos que construam orações em torno de alguns predicadores como *vender*, *derrubar*, *consertar*, *calmo*, *triste*, *haver*, *ventar* etc., identificando os argumentos e as funções sintáticas.

Argumentos não essenciais ou satélites

Uma oração como "Minha prima comprou um carro novo" poderia receber o acréscimo de outros argumentos, passando a ter, por exemplo, a seguinte forma:

> Minha prima comprou um carro novo ontem, no Rio de Janeiro.

Os dois argumentos novos são:

tempo = ontem
lugar = no Rio de Janeiro

Esses argumentos assumem a função sintática de adjuntos adverbiais. O primeiro de tempo, o segundo, de lugar. Como não são essenciais à função comunicativa do predicador (no caso, o verbo *comprar*), são chamados de argumentos não essenciais ou *satélites*.

Vejamos, a seguir, uma lista dos argumentos e satélites mais comuns na construção das orações em português:

Agente: ente animado responsável por uma ação. Exemplos: *Mário* beijou a namorada. A *águia* matou a serpente.

Causa: ente inanimado responsável por uma ação. Exemplos: O *raio* derrubou a árvore. A casa foi destruída por *uma enchente*.

Experienciador: ente animado afetado materialmente ou psicologicamente por um processo. Exemplo: *Mário* sentiu dor. *Mário* ama a namorada. Processos são eventos ou acontecimentos que afetam seres. Exemplo: *As crianças dormiram* (foram afetadas pelo processo do sono). *O lago secou* (foi afetado pelo processo da secagem).

Paciente: ente animado afetado por uma ação. Exemplo: Mário beijou *a namorada*. Mário chutou *o cachorro*.

Objeto afetado: elemento não animado afetado ou modificado por uma ação. Exemplo: O bombeiro quebrou *o vidro*.

Resultativo: elemento surgido como efeito de uma ação ou processo. Exemplo: Meu pai construiu *uma casa*.

Objetivo: elemento que aparece como mero fruto de uma atividade que não o modifica e de que não resulta. Exemplo: Eu vi *a torre Eiffel*.

Dativo: elemento afetado positivamente (beneficiado) ou negativamente (prejudicado) pela situação expressa na oração. Exemplos: Vera deu um presente *ao namorado*. Vera dirigiu um olhar raivoso *ao namorado*.

Locativo: lugar onde acontece uma ação ou processo, ou que assinala procedência, meio ou destino. Exemplos: Cristina bebeu cerveja *no bar*. Cristina veio *de Brasília*. Cristina viajou *pelo litoral*. Cristina viajou *para o Uruguai*.

Modo: maneira por meio da qual uma ação ou processo acontece. Exemplo: Cristina fez o trabalho *rapidamente*.

Instrumental: aquilo de que um agente se serve para realizar algo. Exemplo: O bombeiro quebrou o vidro *com um machado*.

Tempo: momento em que acontece uma ação ou processo, ou a partir do qual acontece uma ação ou processo. Exemplo: Cristina foi *ontem* ao supermercado. O financiamento será reaberto *a partir de segunda-feira*.

Dependendo do predicador, um desses elementos poderá ser um satélite ou um argumento, podendo, se satélite, assumir função sintática de adjunto adverbial (termo acessório) ou, se argumento, assumir a função sintática de complemento adverbial (termo integrante da predicação). Comparemos as seguintes orações:

> Maria comprou o vestido *numa loja do bairro*.
> Maria colocou o carro *na garagem*.

Em ambas, temos expressões que significam lugar: *numa loja do bairro* na primeira oração e *na garagem* na segunda. Na primeira delas, essa expressão é um satélite e assume a função de adjunto adverbial de lugar, pois configura apenas um acréscimo de informação ao verbo *comprar*. Se dissermos apenas *Maria comprou o vestido*, a oração continua fazendo sentido. Na segunda oração, entretanto, a expressão de lugar *na garagem* é um argumento essencial, pois assume a função de um complemento adverbial de lugar, uma vez que integra o significado da predicação. Se dissermos apenas que *Maria colocou o carro*, a informação fica incompleta, pois *colocar* exige três argumentos: um agente, um objeto afetado e um lugar.

O mesmo acontece com o dativo, também chamado costumeiramente de beneficiário. Compare as duas frases seguintes:

> Mário deu um DVD *para a namorada*.
> Mário comprou um DVD *para a namorada*.

Na primeira, *para a namorada* é um argumento, pois o verbo *dar* exige a presença de um dativo/beneficiário. Dizer apenas *Mário deu um DVD* é construir uma oração incompleta. Já, na segunda oração, *para a namorada* é um satélite, pois o verbo / predicador *comprar* pode, perfeitamente, dispensá-lo, como se vê em *Mário comprou um DVD*. O mesmo acontece em orações como:

Para mim ele viajou sem as malas.
Para minha mãe, a juventude está meio sem rumo.

Nessas duas orações, *para mim* e *para minha mãe*, respectivamente, são satélites e não argumentos, pois ambas as orações podem passar muito bem sem eles. As gramáticas tradicionais, analisando frases como essas, dizem que esses termos são *objetos indiretos de referência*.

Predicadores, argumentos e a língua em uso

O professor deverá ter o cuidado de mostrar aos alunos que na linguagem diária, tanto na fala informal quanto nos textos mais sofisticados do jornalismo e da literatura, é comum o uso figurado dos predicadores, especialmente dos verbos. Em vez de dizer, por exemplo, que *o presidente culpou o ministro*, o enunciador prefere, muitas vezes, dizer que *o presidente jogou a culpa no ministro*. Ora, o presidente não atirou fisicamente a culpa sobre o ministro. Apesar disso, tendo consciência de que se trata de um uso não literal, as análises argumental e sintática devem ser também figuradas:

JOGAR [agente (o ministro), objeto afetado
(a culpa), lugar (no ministro)]

Sujeito: o ministro
Objeto direto: a culpa
Adjunto adverbial de lugar: no ministro

Compare as seguintes construções em que, na primeira, o predicador verbal é empregado em seu sentido literal e, na segunda, metaforicamente:

Maria *andou* até a cozinha (deslocar-se a pé)
O dólar *anda* por baixo ultimamente.
(tem-se desvalorizado)

Maria *foi* a Minas Gerais. (deslocar-se fisicamente)
Maria *foi* mal na prova. (desempenhar-se)

Maria *passou* por aqui de manhã.
(deslocar-se fisicamente)
Maria *passou* toda a roupa.
(alisar roupas com ferro quente)

Eu *saí* de casa às 11h. (deixar fisicamente um local)
Essa cicatriz *sai* com o tempo. (desaparecer)

Como eu ensino

O professor poderá, primeiramente, propor exercícios em que os alunos identifiquem argumentos e funções sintáticas em orações em que os predicadores estejam empregados em sentidos literais. Numa segunda etapa, deverá fazer o mesmo com orações em que os predicadores estejam empregados em sentidos metafóricos.

Sugestão

Primeiro exercício
Identifique os argumentos e as funções sintáticas das seguintes orações:

1. Ontem, foi reaberta em São Paulo a biblioteca Mário de Andrade.
2. A globalização tem provocado a desvalorização do dólar.
3. A NASA prepara pouso em Marte para 2035.
4. O pobre cronista sofria de insônia.
5. O médico explicou-me, com paciência, os principais sintomas.
6. A maior concentração de chuvas ocorreu entre domingo e segunda.
7. Choveu durante 10 horas no Rio de Janeiro.
8. Os processos estavam atrasados.
9. A última beneficiada é uma senhora de 89 anos.
10. Eu sugiro uma pensão aos herdeiros de Martim de Sá.

Segundo exercício

1. Maristela passou mal na festa.
2. Vestidos compridos saíram de moda.
3. Uma bela ponte atravessa a baía.
4. As horas voam.
5. Essa estrada leva a São Paulo.
6. Ela levou o primo na conversa.
7. Com a inflação, seu padrão de vida desceu.
8. A temperatura abaixou muito na semana passada.
9. Passei o réveillon com a Marta.
10. Já voei com esse comandante.

Capítulo 9

Quando o predicador é um adjetivo: funcionalidade do verbo ser

Como vimos no capítulo anterior, verbos e adjetivos são predicadores. Isso quer dizer que precisam sempre de outros elementos agregados a eles, chamados de argumentos, para construir o sentido. Quando o predicador é um verbo como dormir, por exemplo, esse mesmo verbo pode veicular o tempo da oração, como em:

Minha irmã dormiu tarde ontem.

O verbo *dormir* pede um argumento chamado experienciador, que, nessa oração, assumiu a função de sujeito, uma vez que o verbo concorda com ele.

Necessidade do tempo como "âncora temporal"

Toda oração tem de ter um tempo ou pelo menos estar relacionada a uma outra que contenha um tempo. Se dissermos simplesmente "Minha irmã dormir tarde ontem", isso não é uma oração. Falta o tempo. Podemos acrescentar o tempo no próprio verbo, como na primeira versão acima (Minha irmã *dormiu* tarde ontem), ou fazer com que essa sequência se ligue a outra oração que tenha um tempo, como em "Minha irmã dormir tarde ontem *preocupou* minha mãe".

Veja que agora a âncora temporal é *preocupou* e, por isso, *dormir* pode ficar no infinitivo, ou seja, sem tempo.

Vejamos agora o caso dos adjetivos como predicadores. Adjetivos como *bonito*, *pequeno*, *triste*, por exemplo, como sabemos, não podem veicular tempo. Não podemos dizer que alguém "bonitou", "pequenou" ou "tristou". Diante dessa impossibilidade, temos de pôr antes desses adjetivos, quando formam uma oração, um verbo vazio de sentido que funcione simplesmente como um porta-tempos. Construímos então orações como:

1. A menina é bonita.
2. A casa é pequena.
3. A mulher era triste.

Os adjetivos, nesses exemplos, têm a função sintática de predicativos de seus sujeitos. Embora o verbo *ser* seja chamado de "verbo de ligação", trata-se de uma simples âncora temporal. Tanto é verdade que, se ligarmos essas orações a outras que já tenham a sua âncora temporal, podemos dispensá-lo:

1. A menina bonita chegou.
2. A casa pequena foi pintada de novo.
3. A mulher triste chorava muito.

Quando acontece de transformarmos um verbo num substantivo (nominalização), ele perde a capacidade de veicular tempo. Temos, então, de providenciar o verbo *ser* para exercer essa função. Exemplo:

No domingo nós almoçaremos no clube.

Transformando *almoçaremos* no substantivo *almoço*, não podemos dizer:

No domingo nosso almoço no clube.

Teremos de acrescentar o verbo *ser* depois do substantivo, para veicular o tempo futuro, dizendo então:

No domingo, nosso almoço será no clube.

Mas, se agregarmos outra oração a essa sequência, o verbo *ser* será descartado:

No domingo, nosso almoço no clube terá muitos convidados.

A mesma necessidade do verbo *ser* como porta--tempos acontece em uma oração na voz passiva. Quando temos uma oração na voz ativa, o próprio verbo veicula o tempo, como em:

Meu pai comprou o carro importado no ano passado.

Para transformarmos o objeto afetado (o carro importado) de objeto direto em sujeito, temos de transformar o predicador verbal *comprou* em adjetivo predicador, o particípio *comprado*:

O carro importado comprado por meu pai no ano passado. (?)

Mas como *comprado*, na qualidade de adjetivo participial, não pode veicular tempo, temos de pôr na oração o verbo *ser* como porta-tempos, originando:

O carro importado foi comprado por meu pai no ano passado.

Veja que, da mesma forma como acontece nos casos anteriores, se agregarmos outra oração com verbo que veicule tempo, o verbo *ser* não será necessário:

O carro importado comprado por meu pai no ano passado desvalorizou-se em 30 por cento.

Como vemos, dizer que o verbo *ser* é auxiliar da voz passiva significa que ele auxilia veiculando o tempo verbal que não pode mais ser veiculado pelo predicador, depois de transformado em adjetivo predicador, na forma de particípio.

O verbo *ser* pode ser utilizado também no lugar de um verbo que já apareceu no texto, para não repeti--lo, repetindo apenas o seu tempo. Em vez de dizer "Se você **viajou** sozinha para a praia, **viajou** porque não encontrou companhia", podemos substituir a segunda ocorrência de *viajar* pelo verbo *ser* no mesmo tempo desse verbo, como em:

> Se você viajou sozinha para a praia *foi* porque não encontrou companhia.

Algumas vezes, na língua falada, o verbo *ser* é usado também como resposta lacônica, materializando apenas o tempo do verbo:

> – Você comprou esse computador em Miami?
> – Foi.

Às vezes o interlocutor sequer repete o tempo do verbo. Ele poderia responder a essa pergunta dizendo simplesmente: "É".

Para concluir esse capítulo, é preciso dizer que, nas orações com predicador adjetivo, ocorrem ainda outros verbos chamados também, tradicionalmente, de verbos de ligação, como estar, parecer, ficar, continuar:

1. Essa menina está triste.
2. Essa menina continua triste.
3. Essa menina ficou triste.
4. Essa menina parece triste.

Não é difícil perceber que, além de esses verbos funcionarem como porta-tempos, veiculam também a noção durativa de aspecto (está, continua, ficou) ou de modalidade, materializando o ponto de vista do enunciador sobre o fato (parece).

Capítulo 10

Gêneros de texto

Sempre que falamos ou escrevemos um texto, fazemos isso utilizando uma forma de interação social a que damos o nome de "gênero". Conversa informal, telefonema, e-mail, "torpedo", relatório, reportagem são exemplos de gêneros.

Cada gênero possui suas próprias características, que conduzem e "formatam", por assim dizer, o nosso texto. Numa conversa informal em uma mesa de bar, não tratamos usualmente nosso interlocutor por Vossa Excelência ou empregamos uma linguagem cerimoniosa. Em uma carta comercial, não podemos empregar linguagem coloquial, cheia de abreviações e gírias.

Ao longo do tempo, as mudanças tecnológicas fazem surgir novos gêneros. E-mail, torpedo, blog e facebook são gêneros recentes, nascidos da evolução da informática ligada à comunicação. Pelo mesmo motivo, alguns gêneros também desaparecem. O gênero telex surgiu e desapareceu no século XX. Derivado dos serviços de telégrafo, transmitia um texto, telefonicamente, por meio de uma fita perfurada mecanicamente, que era usada como "memória". O e-mail decretou seu desaparecimento. Ao longo do tempo, os gêneros que permanecem sofrem mudanças.

Nos anos 1950, toda carta comercial que se prezasse deveria começar dizendo algo como:

Vimos à presença de sua conceituada firma...

Também deveria encerrar-se com a fórmula:

Sem mais para o momento, aproveitamos o ensejo para manifestar-lhe nossos mais elevados protestos de estima e consideração.

Nos dias de hoje, esses procedimentos caíram de moda. Reportagens jornalísticas, anúncios classificados, propagandas, romances literários, todos eles sofreram e sofrerão consideráveis mudanças. Compare, por exemplo, estas duas propagandas de sabonete. A da esquerda foi veiculada nos anos 1950. A da direita, em 2011.

Os gêneros se agrupam em domínios discursivos. O chamado discurso jornalístico congrega gêneros como reportagem, editorial, artigo de opinião, anúncio classificado, obituário etc. O discurso literário, gêneros como romance, conto, poema lírico, poema épico. O discurso jurídico, gêneros como petição, contestação, acórdão, sentença.

Capítulo II

Tipos textuais

Além de acontecerem sempre dentro de um gênero, os textos são produzidos fundamentalmente em quatro tipos: narração, descrição, argumentação e injunção.

1. Narração

A narração é, talvez, o mais antigo dos tipos textuais. Era por meio de narrativas que nossos ancestrais, à noite, ao redor da fogueira, contavam as experiências por que tinham passado durante o dia, criando oportunidade para que todos pudessem aprender com a experiência alheia. Foi também por meio de narrativas fantásticas que nossos ancestrais procuraram dar um sentido ao mundo em que viviam, inventando histórias de deuses e heróis.

Existe a chamada narrativa "plana", que apenas relata eventos acontecidos, dentro de um clima de normalidade. É o caso, por exemplo, de alguém que conta uma viagem, como no texto a seguir, extraído do capítulo 10 do livro *Minha formação*, de autoria de Joaquim Nabuco:

> *Quando pela primeira vez desembarquei em Folkestone, entrando na Inglaterra, eu tinha passado meses em Paris, tinha atravessado a Itália, de Gênova a Nápoles, tinha parado longamente à margem do lago de Genebra, e não me podia esquecer da suave perspectiva, à beira do Tejo, de Oeiras a Belém, cuja tonalidade doce e risonha nunca outro horizonte me repetiu. Por toda a parte eu tinha passado como viajante, demorando-me às vezes o tempo preciso para receber a impressão dos lugares e dos monumentos, o molde íntimo da*

paisagem e das obras de arte, mas desprendido de tudo, na inconstância contínua da imaginação. [20]

Há também a narrativa literária que envolve situações-problemas e soluções que podem ser eufóricas (final feliz) ou disfóricas (final infeliz). Essas unidades narrativas são conhecidas por *plots* e têm sempre três partes: situação, complicação e solução. Veja como exemplo o seguinte conto, de autor desconhecido, escrito na Antiguidade clássica:

A matrona de Éfeso

Havia, na cidade de Éfeso, na Grécia, uma jovem mulher admirada por toda a cidade não só por sua beleza, mas, sobretudo, por sua fidelidade ao marido. Ora, tendo ele morrido repentinamente e sido levado a um mausoléu, a recém-viúva, aos prantos, não consentiu em separar-se dele e lá ficou, jejuando durante três dias. Perto do mausoléu, havia uma cruz onde fora executado um ladrão e seu corpo, ainda pregado nela, estava sendo guardado por um soldado. Depois de conter sua curiosidade durante duas noites a respeito daquela luz que emanava de dentro do mausoléu, decidiu o soldado ir até lá. Pondo-se a par do acontecido e vendo o desespero da mulher que pranteava o marido, dividiu com ela sua comida e fez isso durante mais duas noites. Como o soldado era belo e educado, a mulher acabou primeiro por tocá-lo, depois por abraçá-lo ternamente e, na noite seguinte, amou-o apaixonadamente até o surgir da aurora. Ao sair do mausoléu pela manhã, o soldado ficou subitamente em pânico. Os amigos do ladrão crucificado, aproveitando-se de sua ausência, tinham roubado o corpo e o capitão da guarda o acusaria de deserção.

---

[20] NABUCO, Joaquim. *Op. cit*, p. 84.

– Minha punição será severa, queixou-se o soldado. Posso ser condenado à morte.
– Não há problema – disse a mulher. – Ponha lá na cruz o corpo do meu marido e fica tudo certo![21]

Temos aí um *plot* cuja situação é a mulher fiel que pranteia o marido morto, mas que se apaixona por um belo soldado. A complicação é o roubo do cadáver do ladrão que estava pregado na cruz. A solução é sua substituição pelo cadáver do marido.

Ponto de vista de primeira pessoa

Ponto de vista de primeira pessoa é aquele em que o protagonista narra sua própria história. Pode narrá-la para o leitor, para um psicanalista, para Deus ou para qualquer outra pessoa real ou imaginária. É o caso do livro *Minha formação*, de Joaquim Nabuco, do qual vimos há pouco um trecho. É também o caso do romance *Dom Casmurro*, de Machado de Assis, em que o personagem Bentinho narra sua história ao leitor. Algumas vezes, a narração é feita por um personagem secundário, como nos livros de Conan Doyle sobre o famoso detetive britânico Sherlock Holmes. Quem narra as histórias do detetive é seu amigo, o médico Dr. Watson. Daí vem a famosa frase de Holmes ao conseguir resolver um crime: "– Elementar, meu caro Watson".

A narrativa em primeira pessoa, embora permita uma intimidade maior do narrador com o leitor, tem o "defeito" de apresentar os fatos apenas a partir do olhar de um personagem, o que pode torná-los menos confiáveis. Um dos argumentos favoritos daqueles que acham que Capitu não traiu Bentinho, em *Dom Casmurro*, é que Bentinho é narrador em primeira pes-

---
[21] Versão livre de minha autoria do texto de Petrônio intitulado *Matrona Ephesi*, do séc. I.

soa, portanto, um eu-lírico comprometido com seus sentimentos de ciúme e sua imaginação sem limites.

Ponto de vista de terceira pessoa onisciente

Nesse tipo de ponto de vista, o autor do texto é uma espécie de Deus que tudo vê e tudo sabe. Ao narrar os feitos de seus personagens, penetra em suas mentes e é capaz de detectar intenções. Pode também interpretar e julgar ações, tirando conclusões. Foi esse ponto de vista o empregado na história da matrona de Éfeso.

Uma vantagem importante desse ponto de vista é que o autor pode penetrar no pensamento de personagens de inteligência limitada e descrevê-lo de uma maneira clara. Fazer isso em primeira pessoa ficaria bastante artificial.

Utilizando o ponto de vista onisciente, o autor de uma narrativa tem também o poder de criar suspense, passando ao leitor informações que não são de conhecimento das personagens. Truman Capote faz isso em seu famoso romance *A sangue frio*. Quando descreve, no início do romance, os membros da próspera família Clutter, moradores da pequena cidade de Holcomb, situada no oeste do estado do Kansas, o autor acrescenta informações sobre eles, obviamente desconhecidas deles próprios. Vejamos um exemplo: o Sr. Clutter está passeando perto de casa, ao longo do rio que passa por suas terras, em um domingo de sol, quando vê um grupo de caçadores de faisão, que, todo mês de novembro, apareciam naquela região. Narrando o encontro entre eles e o Sr. Clutter, diz Capote:

> *Habitualmente os caçadores não convidados pagam ao proprietário das terras para perseguir as presas, mas, quando os forasteiros lhe propuseram o pagamento, o Sr. Clutter achou graça.*

— *Não sou tão pobre quanto pareço. Podem caçar quanto quiserem.*

E, tocando a aba do boné, dirigiu-se para casa e para as tarefas do dia, sem saber que este seria o seu último. [22]

A última frase cria no leitor o suspense: O Sr. Clutter vai morrer, mas quando e de que maneira?

Uso dos tempos verbais na narração

De maneira geral, uma narrativa é construída por meio dos tempos do passado, que são os seguintes, em português:

1. **pretérito imperfeito** (de in+per+fectus = não completamente feito): denota uma ocorrência passada não concluída, um passado com duração prolongada.

[Ela *almoçava*], quando recebeu o telefonema.

2. **pretérito perfeito** (de per+fectus = completamente feito): denota uma ocorrência acabada:

Ontem, ela *escreveu* uma carta para o jornal.

Almoçava indica uma ocorrência inacabada, sem fim delimitado no passado; *escreveu* indica uma ocorrência delimitada, já acabada no passado.

3. **mais-que-perfeito:** denota uma ocorrência passada, acabada, anterior a outra já ancorada no passado:

---

[22] CAPOTE, Truman. *A sangue frio*: O relato fiel de um assassinato múltiplo e suas complicações. São Paulo: Abril, 1980, p. 18.

Ele assinou o documento de um carro que *vendera* havia uma semana.

Como se vê, *vendera* indica uma ocorrência anterior a ter assinado o documento, que, por sua vez, já é situada no passado.

Observemos o início do texto de Joaquim Nabuco:

Quando pela primeira vez desembarquei em Folkestone, entrando na Inglaterra, eu tinha passado meses em Paris, tinha atravessado a Itália, de Gênova a Nápoles, tinha parado longamente à margem do lago de Genebra [...].[23]

O texto começa narrando uma ação acabada no passado (*desembarquei*), depois, três ações acabadas anteriores a esse passado (*tinha passado, tinha atravessado* e *tinha parado*). Esses três últimos verbos estão no mais-que-perfeito composto do indicativo.

Podemos ver situação igual no conto sobre a matrona de Éfeso, no trecho:

Perto do mausoléu havia uma cruz onde fora *executado um ladrão...*

Fora, aqui, está no mais-que-perfeito simples do indicativo, indicando uma ação anterior ao enterro do marido da matrona.

Algumas vezes, é preciso narrar uma ação passada do ponto de vista do narrador, mas futura em relação a outra do passado. É o caso em:

Os amigos do ladrão crucificado, aproveitando-se de sua ausência, tinham roubado o corpo e o capitão da guarda o *acusaria* de deserção.

---

[23] NABUCO, Joaquim. *Op. cit.*, p. 84.

O capitão da guarda acusaria o soldado de deserção é um fato futuro em relação ao passado ou pretérito *tinham roubado*; em relação ao narrador, é também um passado. É por isso que esse tempo é chamado de futuro do pretérito.

2. A descrição

Toda descrição é artificial, pois apresenta por meio da linguagem, que existe na dimensão do tempo, imagens, que existem na dimensão do espaço. Vejamos a seguinte pintura:

Rijksmuseum, Amsterdã

Trata-se de um famoso quadro do pintor holandês Johannes Vermeer (1632-1675), intitulado *Moça com brinco de pérola*. Imagine agora que vamos descrever esse quadro. Podemos começar dizendo:

> Há uma moça em primeiro plano, com o corpo em perfil, mas com o rosto voltado à esquerda, fitando o observador.

Sem a visão da imagem, até esse momento, o leitor não sabe nada além do que lhe foi dito. Não sabe que roupa ela veste ou que expressão possui. Continuemos: veste uma roupa marrom, com gola branca, e seus cabelos estão cobertos por uma larga faixa azul e um pano que lhe cai pelas costas.

Aqui, o leitor acrescenta, com seu pensamento, a roupa e a maneira como os cabelos da moça estão arranjados. Mas não sabe, ainda, que ela tem a boca semiaberta e apresenta, na orelha esquerda, uma grande pérola. Isso terá de vir depois.

Para diminuir essa distância, os autores modernos procuram abreviar as descrições, economizando no uso de verbos. Veja a descrição que faz o jornalista Eduardo Bueno dos degredados que saíam da cadeia do Limoeiro, em Lisboa, para ser embarcados na frota de Tomé de Sousa, a caminho do Brasil, em 1548, em seu livro intitulado *A coroa, a cruz e a espada*. Note que o autor foi sucinto tanto quanto possível.

> *Agrilhoados aos pares, pelas pernas, com uma corrente de cerca de 2 metros, os condenados emergiam dos subterrâneos do Limoeiro e, ofuscados pela claridade, arrastavam-se pelas ladeiras do bairro da Alfama em direção à Ribeira das Naus, o porto localizado a cerca de meia légua (3 quilômetros) dali. Cobertos somente por uma túnica*

> *azul de algodão grosseiro, com cabelo e barba raspados, macilentos e esqueléticos, os prisioneiros marchavam atados também por um cinto de ferro preso em torno da cintura e que os mantinha separados por no máximo 1 metro entre si. Aos cativos de origem nobre era reservada a prerrogativa de serem acorrentados unicamente pelos pés.[24]*

Nas descrições, tanto podem ser empregados o tempo presente quanto os tempos do passado, como se vê no exemplo a seguir:

> *Era uma criaturinha leve e breve, saia bordada, chinelinha no pé. Não se lhe podia negar um corpo airoso. Os cabelos, apanhados no alto da cabeça por um pedaço de fita enxovalhada, faziam-lhe um solidéu natural, cuja borla era suprida por um raminho de arruda.[25]*

3. Argumentação

O texto argumentativo visa convencer o ouvinte ou leitor (normalmente chamados de auditório) a concordar com seu autor a respeito de uma determinada tese. Vejamos o seguinte texto, escrito pelo jornalista Jânio de Freitas, por ocasião da Olimpíada de Pequim, em 2007:

A obra da dor

> *Sob os seus ares e formas exuberantemente saudáveis, os atletas levam no corpo uma companhia permanente, com frequência guardada em segredo,*

---
[24] BUENO, Eduardo. *Op. cit.*, p. 66-67.
[25] ASSIS, Machado de. *Esaú e Jacó*. Rio de Janeiro: Nova Aguilar, 1997, p. 293. (*Obra Completa*, v. 1.)

que nós outros fazemos todo o possível para não ter conosco. Seu nome é vulgar, mínimo e sinistro: dor.

Tudo parece tão natural e fácil, nos movimentos atléticos, nos saltos que desenham com leveza no ar, que os nossos olhos não traduzem o quanto há de força e de esforço em tudo aquilo, em cada fração de músculo e de nervo, de vontade e imposição ali ativados.

Vida de atleta é convívio com a dor. Na maioria dos esportes, os atletas que alcançam o nível das disputas internacionais passaram, no caminho até aí, por sacrifícios que só cada um deles pode imaginar, e só no seu próprio caso.

Tanto faz se são ginastas, jogadores de vôlei ou basquete ou tênis de mesa, lutadores, nadadores ou saltadores ornamentais, ou todos os outros.

Treinamentos diários de seis, oito horas, senão dez, são o comum. Com diferentes tipos de exercício, para desenvolver determinadas áreas musculares, aprimorar a resistência, refinar a concentração, e repetir, repetir, repetir vezes infinitas o mesmo movimento, e depois o outro e o outro mais vezes infindáveis, cada qual em busca da sua perfeição.

Mas o corpo não foi feito para isso. O atleta de alto nível é o construtor de um novo aparelho humano, capaz de movimentos, velocidade, leveza, força, resistência e precisão que a natureza, só por obra sua, não foi capaz de dar ao ser humano.

Mas o corpo não é dócil. Resistirá sempre à imposição atlética. Sua primeira arma é certa recusa. Se submetido à insistência, recorre à segunda: a dor.

É raro encontrar um atleta que esteja sem dor alguma, não tenha ao menos um ponto do corpo em queixa dolorida.

E há ainda as alterações hormonais, provocadas pelo exercício, que atingem as mulheres com a frequente (e, cá entre nós, tão dispensável) redução de seios. Além da suspensão de menstruações.

> *Curioso é que esse novo aparelho humano tão bem construído, o atleta de alta performance, não dura muito. A natureza reage e vence. E o atleta não tarda muitos anos a voltar à condição de ser humano como os demais – lerdo, frágil, limitado: simplesmente humano.*[26]

Como vemos, o autor do texto defende a tese de que os atletas olímpicos são fruto de um processo de treinamento artificial e sofrido, para o qual os seres humanos não foram criados. Usualmente, nos textos argumentativos é empregado o tempo presente, embora algumas vezes haja também o emprego de tempos do passado para obter um efeito de atenuação.

Dada a importância atribuída a ela pelos PCNs e pelo ENEM, a argumentação será desenvolvida com maior profundidade nos próximos capítulos.

4. Injunção

Injunção é o tipo textual que tem o caráter normativo de fazer ou pedir. Orações religiosas, constituições, artigos do código civil ou penal, receitas culinárias, normas e instruções fazem parte desse gênero. Vejamos o seguinte texto extraído do início da nossa Constituição brasileira:

> **Art. 1º** *A República Federativa do Brasil, formada pela união indissolúvel dos Estados e Municípios e do Distrito Federal, constitui-se em Estado democrático de direito e tem como fundamentos:*
>
> *I -   a soberania;*

---

[26] FREITAS, Jânio de. A obra da dor. *Folha de S. Paulo*, São Paulo, 23 jul. 2007, caderno Esporte. Disponível em: http://www1.folha.uol.com.br/fsp/esporte/fk2307200731.htm. Acesso em: 5 jan. 2012.

II - a cidadania;
III - a dignidade da pessoa humana;
IV - os valores sociais do trabalho e da livre iniciativa;
V - o pluralismo político.

Parágrafo único. Todo o poder emana do povo, que o exerce por meio de representantes eleitos ou diretamente, nos termos desta Constituição.

Veja que o texto está escrito no presente do indicativo. Em textos de natureza bíblica é comum o uso do futuro do indicativo, como nesta versão dos dez mandamentos da lei de Deus:

1 – Amarás a Deus sobre todas as coisas.
2 – Não tomarás Seu santo nome em vão.
3 – Guardarás domingos e festas de guarda.
4 – Honrarás pai e mãe.
5 – Não matarás.
6 – Não pecarás contra a castidade.
7 – Não furtarás.
8 – Não levantarás falso testemunho.
9 – Não desejarás a mulher do próximo.
10 – Não cobiçarás as coisas alheias.

Em alguns textos jurídicos, como sentenças judiciais, é comum o emprego do imperativo associado à voz passiva pronominal, como em:

1. Publique-se e cumpra-se.
2. Lance-se o nome do réu no rol dos culpados.

Nos textos injuntivos normativos ou de instrução, o verbos são costumeiramente empregados na forma imperativa, no infinitivo ou na voz passiva pronominal, como em uma receita.

Pão de queijo

1 prato de queijo curado ralado
1 kg de polvilho doce
8 ovos
2 copos (cada copo de aprox. 200 ml) de leite
1 colher de margarina
1 copo de óleo
2 colheres de chá de sal

Modo de preparo

1. Coloque o polvilho em uma tigela e misture o sal. Reserve.
2. Ferva o leite, com a margarina e o óleo.
3. Adicione a mistura fervente ao polvilho. Misture bem e deixe esfriar.
4. Quando a massa estiver fria, acrescente os ovos gradativamente. Amasse bem.
5. Adicione o queijo e amasse até que a massa se torne homogênea.
6. Unte suas mãos com óleo e faça bolinhas. Coloque-as em uma forma e leve ao forno.
7. Sirva o pão de queijo preferencialmente quente.

No texto do "modo de preparo", foi empregado o imperativo, mas poderiam também ser utilizados verbos no infinitivo, como em:

1. Colocar o polvilho em uma tigela e misturar o sal. Reservar
2. Ferver o leite, com a margarina e o óleo.
3. Adicionar a mistura fervente ao polvilho. Misturar bem e deixar esfriar.
4. Quando a massa estiver fria, acrescentar os ovos gradativamente. Amassar bem.

5. Adicionar o queijo e amassar até que a massa se torne homogênea.
6. Untar as mãos com óleo e fazer bolinhas. Colocá-las em uma forma e levar ao forno.
7. Servir o pão de queijo preferencialmente quente.

Outra opção, como vimos, seria empregar a voz passiva pronominal, o que produziria um texto como:

1. Coloca-se o polvilho em uma tigela e mistura-se o sal. Reserva-se
2. Ferve-se o leite, com a margarina e o óleo.
3. Adiciona-se a mistura fervente ao polvilho. Mistura-se bem e deixa-se esfriar.
4. Quando a massa estiver fria, acrescentam-se os ovos gradativamente. Amassa-se bem.
5. Adiciona-se o queijo e amassa-se até que a massa se torne homogênea.
6. Untam-se as mãos com óleo e fazem-se bolinhas. Colocam-se em uma forma e leva-se ao forno.
7. Serve-se o pão de queijo preferencialmente quente.

Esses diferentes tipos textuais podem fazer parte de qualquer gênero. Dependendo do gênero, pode haver o predomínio de um deles. Num romance, há o predomínio da narração; num editorial, da argumentação; num catálogo de leilão de arte, da descrição; e em constituições, estatutos e regimentos, da injunção.

Como eu ensino

Atividade 1

O professor poderá pedir aos alunos que descrevam, por escrito, alguns quadros de pintores famosos, procurando economizar no uso dos verbos.

Atividade 2

O professor pode sugerir aos alunos que redijam textos injuntivos, tais como normas e receitas culinárias, no infinitivo, por exemplo, e depois os transcrevam para o imperativo e para a voz passiva com verbo ser ou pronominal.

Capítulo 12

Sintaxe como eixo da textualidade
Verbo e sujeito: um caso de concordância

O sujeito de uma oração é definido pelo fato de o verbo concordar com ele. Isso não oferece nenhum problema com relação às orações mais simples. Existem, contudo, situações em que a localização do sujeito pode ficar mais difícil ou até mesmo situações em que ele não existe. Vamos ver, primeiramente, as situações em que ele não existe.

1. Fenômenos da natureza

O primeiro caso é o dos verbos que nomeiam fenômenos da natureza como *chover*, *ventar* e *trovejar* e que, por isso, não possuem nenhum argumento essencial. Para alguns fenômenos da natureza, na falta de um verbo específico, usam-se expressões como *fazer frio* ou *fazer calor*. Ninguém diz, por exemplo, "friava", ou "calorava", mas "fazia frio" ou "fazia calor". Como esses predicadores não têm argumento, nenhum deles pode se prestar à função de sujeito e, sem sujeito, esses verbos ficam sempre na terceira pessoa do singular, que é uma espécie de posição neutra, em termos de concordância:

1. Choveu muito em São Paulo.
2. Ventou de madrugada.
3. Fez calor ontem em São Paulo.

Existe um outro verbo que, embora não nomeie fenômeno da natureza, não tem sujeito. É o verbo haver, com sentido de existir, em orações como:

1. Havia duas pessoas alegres na sala.
2. Há muitas festas no mês de dezembro.

2. Concordância com sujeito composto

Se o sujeito vem antes do verbo, o verbo concorda obrigatoriamente com ambos os sujeitos:

O presidente e o secretário desceram pela escada dianteira do avião.

Caso o sujeito venha posposto, a concordância pode ser feita tanto com os dois sujeitos, quanto com o mais próximo:

1. Desceram o presidente e o secretário pela escada dianteira do avião.
2. Desceu o presidente e o secretário pela escada dianteira do avião.

Mesmo na segunda opção, o sentido do verbo afeta ambos os sujeitos. Essa concordância é possível porque a omissão ou elipse de palavras, em português, somente é viável "da esquerda para a direita".
É como se o falante, em vez de dizer "Desceu o presidente e desceu o secretário pela escada da frente do avião", dissesse "Desceu o presidente e (desceu) o secretário pela escada da frente do avião".
O falante escolhe a maneira como quer descrever a cena. É como se ele focasse uma câmara primeiro no presidente e, depois, no secretário, registrando a sequência em dois tempos.

Vejamos o texto a seguir, extraído do romance *O coronel e o lobisomem*, de autoria de José Cândido de Carvalho:

> *Como fosse mês de inhambu, preparei espingarda de fogo delicado. [...] No caminho, num mato de boas madeiras, chamei inhambu no pio. Veio um, dois e três, e eu, fogo na barriga do freguês.*[27]

Em vez de escrever "vieram um, dois e três" (inhambus), José Cândido preferiu concordar o verbo com o mais próximo, criando o efeito de fazer surgir cada uma das aves em sequência, em momentos diferentes.

3. Situações em que é mais difícil localizar o sujeito

Abrindo o caderno esportivo de um jornal, não é difícil encontrar orações como:

1. Sobraram chutões no segundo tempo.
2. Aconteceu um pênalti não marcado.
3. Faltou respeito à arbitragem.
4. Existiram muitas expulsões.

Em todos esses casos, os sujeitos aparecem depois do verbo. Se viessem antes, ficaria um pouco estranho, não acha?

1. Chutões sobraram no segundo tempo.
2. Um pênalti não marcado aconteceu.
3. Respeito à arbitragem faltou.
4. Muitas expulsões existiram.

---

[27] CARVALHO, José Cândido de. *O coronel e o lobisomem*. 8ª ed. Rio de Janeiro: José Olympio, 1971, p. 63.

Isso acontece porque os sujeitos dessas frases não são prototípicos. Explico: se você abrir aleatoriamente um jornal ou revista em uma página qualquer e assinalar todos os sujeitos dessa página, verificará que a quase totalidade deles tem as seguintes características: é agente, humano e definido. É o que acontece em frases como:

1. O jogador marcou um gol.
2. O senador fez um discurso.
3. Os empresários reconheceram o erro.

A posição desses sujeitos fica, em quase 100 por cento dos casos, antes do verbo. É a posição normal do sujeito prototípico em português. Quando o sujeito não é prototípico, posiciona-se, normalmente, depois do verbo. E por isso muita gente se esquece de fazer a concordância, escrevendo coisas como "faltou salgados" ou "sobrou doces", quando deveria escrever faltaram salgados e sobraram doces.

4. Voz passiva e posposição do sujeito

Como vimos acima, muitas vezes a posição de sujeito é preenchida não por um agente, mas por outros argumentos, como objetos afetados ou pacientes. Isso acontece, também, em construções passivas como:

Os alimentos foram distribuídos, ao lado do palácio presidencial do Haiti, pelas tropas da ONU.

Teoricamente, a função da voz passiva é apresentar um fato em uma perspectiva de cena contrária à da voz ativa. Se dissermos que "a atendente abriu a porta do consultório às oito horas da manhã", teremos uma ação vista pela perspectiva do agente (a atendente). Se dissermos que "a porta do consultório foi aberta pela atendente às oito horas da manhã", teremos a mesma ação vista pela perspectiva do objeto afetado (a porta).

Um fato curioso, contudo, é que, fazendo um levantamento das ocorrências de voz passiva em qualquer texto, vemos que a maioria delas não apresenta o complemento agente da voz passiva, o que nos leva a concluir que uma função importante, talvez a mais importante, da voz passiva, mais ainda do que a mudança de perspectiva de cena, é justamente a possibilidade de descartar o agente em situações em que ele não é essencial ou já é amplamente conhecido. Se fizermos isso nas duas frases que demos como exemplo, teremos:

1. A porta do consultório foi aberta às oito horas da manhã.
2. Os alimentos foram distribuídos ao lado do palácio presidencial do Haiti.

De fato, pode ser que a informação mais importante na primeira delas seja o fato de que a porta tenha sido aberta naquele horário e não a pessoa que tenha praticado essa ação e, na segunda, que os alimentos tenham sido de fato distribuídos, não importa por quem.

Como o sujeito nas orações passivas não é prototípico, pois não é agente e geralmente não é humano e determinado, ele costuma aparecer, mais comumente, posposto ao verbo, como em:

1. Foram contratadas *várias empresas* para esse serviço.
2. Foram levantadas *todas as ocorrências*.

Esse fato pode levar, algumas vezes, ao esquecimento da concordância, o que é preciso evitar. Aliás, há ainda outro tipo de voz passiva em português, com o pronome *se*, em que o sujeito aparece exclusivamente após o verbo, e a concordância, obviamente, não pode ser esquecida. Exemplos:

1. Contrataram-se várias empresas para esse serviço.
2. Levantaram-se todas as ocorrências.

Como eu ensino

Transcreva os textos abaixo na voz passiva, eliminando os agentes. Faça isso duas vezes para cada um deles. Na primeira, use a passiva com o verbo *ser*. Na segunda, a passiva pronominal com *se*.

1. Durante a II Guerra Mundial, operários transformaram várias embarcações de passageiros em navios de transporte de tropas.
2. Os operários colocaram os tapumes e, em seguida, construíram uma edícula para guardar ferramentas e materiais.
3. No Brasil, o governo aumentou os impostos dez vezes nos últimos dez anos.
4. Em alto-mar, os pescadores atiraram redes e, por sorte, não capturaram nenhum golfinho distraído.
5. Os empregados do frigorífico, depois de terem abatido os frangos, embalaram-nos a vácuo.

Resolução com o uso do verbo *ser*

1. Durante a II Guerra Mundial, várias embarcações de passageiros foram transformadas em navios de transporte de tropas.

2. Foram colocados os tapumes e, em seguida, foi construída uma edícula para guardar ferramentas e materiais.
3. No Brasil, os impostos foram aumentados dez vezes nos últimos dez anos.
4. Em alto-mar, foram atiradas redes e, por sorte, não foi capturado nenhum golfinho distraído.
5. Depois de os frangos terem sido abatidos, foram embalados a vácuo.

Resolução com o uso do pronome *se*

1. Durante a II Guerra Mundial, transformaram-se várias embarcações de passageiros em navios de transporte de tropas.
2. Colocaram-se os tapumes e, em seguida, construiu-se uma edícula para guardar ferramentas e materiais.
3. No Brasil, aumentaram-se os impostos dez vezes nos últimos dez anos.
4. Em alto-mar, atiraram-se redes e, por sorte, não se capturou nenhum golfinho distraído.
5. Depois de se terem abatido os frangos, embalaram-se eles a vácuo.

Observação. Nesta última frase, a forma correta é embalaram-se **eles**, uma vez que o pronome **se** tem a função de pronome apassivador e **eles** (que substitui a palavra **frangos**) tem a função de sujeito. Escrever "embalaram-se os a vácuo" é uma forma de hipercorreção.

Capítulo 13

Aposto e vocativo, termos com função interdiscursiva

Tecnicamente, o aposto é o termo da oração que modifica um antecedente e se identifica com ele. Exemplo: Platão, *filósofo grego*, fundou a Academia de Atenas.

Examinando essa frase, vemos que filósofo grego modifica Platão e se identifica com ele, ou seja: Platão é filósofo grego e filósofo grego é Platão. O fundamento do aposto, portanto, é a identidade. Sua finalidade é acrescentar informações que o enunciador julga que seu interlocutor não possui a respeito de um tópico que introduz em seu texto. Por isso, dizemos que sua função é interdiscursiva. Imaginemos primeiramente uma frase como:

> Aleijadinho nasceu escravo, mas foi alforriado no batismo.

Para quem já ouviu falar nele, não há necessidade de maiores informações. Mas, diante de um interlocutor que não tenha essa referência, o enunciador pode acrescentar um aposto, dizendo:

> Aleijadinho, *o maior escultor do barroco brasileiro*, nasceu escravo, mas foi alforriado no batismo.

Vemos que o aposto acrescentou uma informação que possibilita ao interlocutor identificar a pessoa a respeito da qual está sendo dada a informação sobre o batismo e a alforria. Por esse motivo, esse aposto é chamado de "aposto explicativo".

Uma característica importante é que esse aposto vem sempre entre vírgulas, pois, na língua falada, compõe um bloco prosódico isolado do resto da frase, sendo proferido, usualmente, em tom um pouco mais grave do que o usado para pronunciar o resto da frase:

/Aleijadinho/ o maior escultor do barroco brasileiro / nasceu escravo...

O emprego das vírgulas na escrita orienta a leitura, sinaliza o início e o fechamento da informação dada pelo aposto. Além de esclarecer o interlocutor a respeito da referência de um termo da oração, o aposto explicativo pode ser usado para acrescentar mais informações. O texto anterior poderia, por exemplo, ser reescrito com o acréscimo de mais um aposto explicativo, como em:

Aleijadinho, o maior escultor do barroco brasileiro, filho de um mestre-de-obras português e de uma escrava africana, nasceu escravo, mas foi alforriado no batismo.

Como se vê, por meio do segundo aposto, o interlocutor ganha ainda mais informações e entende melhor, agora, o porquê de o Aleijadinho ter nascido escravo: ele era filho de uma escrava.

O aposto explicativo pode também ser usado para fazer avaliações de caráter pessoal, tanto positivas quanto negativas.

Avaliação positiva

Santos-Dumont, *um homem fantasticamente criativo*, inventou, além do avião, o relógio de pulso e as portas de correr.

Avaliação negativa

Hitler, *aquele monstro assassino*, foi pintor quando adolescente.

Algumas vezes, o aposto explicativo, além se ser empregado para acrescentar alguma informação ao repertório do ouvinte / leitor, ou para fazer avaliações, pode ser usado para fazer previsões, criar expectativas. Vejamos o seguinte trecho da *Ilíada*, de Homero, cujo assunto é a vinda à Terra da deusa Atena, filha de Zeus, durante a guerra de Troia, para impedir que Aquiles mate Agamenon por ter este último se apoderado da bela Briseide, presa de guerra de Aquiles. Diz Aquiles a Atena:

> — *Por que viestes uma vez mais, filha de Zeus,* **porta-égide**: *Para veres os excessos do atrida Agamémnon? Pois bem, vou dizer-te e isto consumar-se-á, segundo creio: com a sua arrogância ele poderá muito bem perder em breve a vida.*
> *A deusa Atena, de olhos de coruja, respondeu:*
> — *Vim, para acalmar o teu furor e ver se queres obedecer-me, do céu, donde me enviou a deusa Hera, de níveos braços, que tem por vós o mesmo amor e o mesmo cuidado.*[28]

Os apostos *porta-égide* (*égide* significa proteção) e de *olhos de coruja* (*coruja* significa sabedoria) criam a expectativa de que Atena, com suas sábias palavras, protegerá Agamenon da ira de Aquiles.

O uso de apostos, como aparece também em (*deusa*) *de níveos braços*, caracterizando a deusa Hera, é bastante frequente na *Ilíada*, uma vez que esse poema, antes de ser escrito, era transmitido de

---

[28] HOMERO, *Ilíada*. Trad. da versão francesa por Cascais Franco, 3ª ed., Lisboa: Publicações Europa-América, 1999, p. 16.

forma oral, e o uso de apostos era uma maneira de o narrador "ganhar tempo" para lembrar-se do que viria a seguir.

Além da identidade com o termo que o antecede, o aposto explicativo tem quase sempre a característica de ser sempre mais abrangente ou genérico do que esse termo. Quando dizemos, por exemplo, "Eisenhower, general americano, foi também presidente dos Estados Unidos", *general americano* é gênero e *Eisenhower* é espécie. O contrário acontece com o chamado aposto especificativo, como em:

> O general Eisenhower foi comandante em chefe das tropas aliadas durante a Segunda Guerra Mundial.

Nesse caso, a espécie (Eisenhower) é o aposto do termo genérico (general). Daí o nome de "aposto especificativo". Que, aliás, ao contrário do aposto explicativo, nunca vem entre vírgulas.

Existe também o aposto enumerativo, como no exemplo:

> Para fazer a matrícula são necessários os seguintes documentos: cédula de identidade, atestado de conclusão do segundo grau, prova de residência e duas fotos 3x4.

Vemos que tudo o que está enumerado aí são documentos e documentos são tudo o que está enumerado. Há identidade, portanto, que é, como vimos, o fundamento do aposto. *Documentos*, o termo que o antecede, é uma palavra que, por sua extensão de sentido, recebe o nome de "hiperônimo". A função do aposto especificativo é também interdiscursiva, pois visa esclarecer o interlocutor a respeito da documentação necessária à matrícula.

Finalizando, é importante dizer que o aposto sempre faz parte de um argumento da oração e, portanto, de uma função sintática. Quando alguém diz "O escritor Nelson Rodrigues morava no Rio de Janeiro", o aposto especificativo *Nelson Rodrigues* faz parte do argumento agente que assumiu a função de sujeito dessa oração, ou seja, o sujeito completo da oração é: O escritor Nelson Rodrigues.

Em uma oração como "A garota da passeata beijou o escritor Nelson Rodrigues", o aposto é, agora, parte integrante do argumento paciente (o escritor Nelson Rodrigues), que tem, nessa oração, a função sintática de objeto direto.

Vocativo

O vocativo, ao contrário do aposto, não se integra a nenhum dos argumentos da oração. Não pertence, portanto, à rede argumental da oração. Funciona normalmente como um apelo de alguém à figura do seu interlocutor, caso em que configura um chamamento. Exemplos:

1. Maria, feche a porta!
2. A vida dura um só dia, Luzia.

Às vezes, funciona como um apelo a uma entidade abstrata ou fictícia, caso em que configura uma invocação, como em:

1. Minha Nossa Senhora, me ajude!
2. Deus, tenha piedade de nós.

Na fala, o vocativo é separado dos outros termos da oração por pausa; na escrita, é separado por vírgula, configurando um bloco prosódico independente.

Do ponto de vista da interação discursiva, o vocativo serve, também, para marcar o tipo de relação social que existe entre o enunciador e seu interlocutor, no momento da fala. Assinala se se trata de uma relação formal, respeitosa, amorosa, informal ou, ainda, uma relação conflagrada. Exemplos:

1. Excelência, entrego agora esta petição com atraso.
2. Ô Zé, segura aqui essa cadeira.
3. Amor, você me dá um beijo?
4. Seu idiota, não viu que o sinal estava fechado?

Machado de Assis, na seguinte passagem do seu livro *Memórias póstumas de Brás Cubas*, emprega diferentes tipos de vocativo, justamente para marcar as diferenças sociais dos personagens que participam da ação. Vejamos:

O vergalho

Tais eram as reflexões que eu vinha fazendo, por aquele Valongo fora, logo depois de ver e ajustar a casa. Interrompeu-mas um ajuntamento; era um preto que vergalhava outro na praça. O outro não se atrevia a fugir; gemia somente estas únicas palavras: – "Não, perdão, meu senhor; meu senhor, perdão!" Mas o primeiro não fazia caso, e, a cada súplica, respondia com uma vergalhada nova.

– Toma, diabo! – dizia ele; – toma mais perdão, bêbado!

– Meu senhor! – gemia o outro.

– Cala a boca, besta! – replicava o vergalho.

Parei, olhei... Justos céus! Quem havia de ser o do vergalho? Nada menos que o meu moleque Prudêncio – o que meu pai libertara alguns anos antes. Cheguei-me; ele deteve-se logo e pediu-me a bênção; perguntei-lhe se aquele preto era escravo dele.

> — *É, sim, nhonhô.*
> — *Fez-te alguma coisa?*
> — *É um vadio e um bêbado muito grande. Ainda hoje deixei ele na quitanda, enquanto eu ia lá embaixo na cidade, e ele deixou a quitanda para ir na venda beber.*
> — *Está bom, perdoa-lhe* — *disse eu.*
> — *Pois não, nhonhô. Nhonhô manda, não pede. Entra para casa, bêbado! [...]*[29]

Trata-se de um trecho em que o personagem Brás Cubas está voltando para casa, depois de ajustar uma casa para poder encontrar-se, privadamente, com sua amante Virgília. Ao passar por uma praça, vê um ex-escravo de sua família castigando fisicamente outro escravo, agora de sua propriedade. Nesse trecho, os vocativos assinalam três tipos de relação social:

a) a relação do escravo submisso em relação ao ex--escravo, seu atual senhor: – Não, perdão, *meu senhor, meu senhor*, perdão!

b) a relação conflagrada do ex-escravo, agora senhor, em relação ao seu próprio escravo: – Toma, *diabo!* [...], toma mais perdão, *bêbado!* — Cala a boca, *besta!* Entra para casa, *bêbado!*

c) a relação subserviente do ex-escravo em relação a Brás Cubas, seu ex-senhor: – É sim, *nhonhô.* – Pois não, *nhonhô.*

Há, ainda, nesse texto, outro vocativo, funcionando como invocação:

> *Justos céus!* Quem havia de ser o do vergalho?

---

[29] ASSIS, Machado de. *Memórias póstumas de Brás Cubas.* Rio de Janeiro: Nova Aguilar, 1997, p. 581-582. (*Obra Completa*, v. 1.)

Capítulo 14

Sintaxe como eixo da textualidade
As locuções verbais e os verbos auxiliares

Muitas vezes há mais de um verbo em uma oração, o que não significa que haja mais de um predicador. Vejamos o seguinte exemplo:

> Os operários já começaram a realizar as obras das Olimpíadas.

Temos nessa oração dois verbos (começar e realizar), mas apenas *realizar* é responsável pela rede argumental da oração. O verbo *começar* não tem rede argumental própria. Tanto isso é verdade que ele se adapta à rede argumental de qualquer outro verbo, como podemos ver em:

1. Começou a chover.
2. A bolsa começou a cair.
3. Começa a haver protestos contra a censura à imprensa.

O verbo que determina a estrutura argumental da frase é chamado de "verbo principal". Os outros, que dela não participam, são chamados de "verbos auxiliares". Em português, há quatro tipos de verbos auxiliares:

- auxilares para formação de tempos novos;
- auxiliares da voz passiva;
- auxiliares aspectuais;
- auxiliares modais.

Auxiliares para formação de tempos novos

Os auxiliares para formação de tempos novos são *ter* e *haver*, em orações como:

1. Ela tem viajado muito.
2. Ela tinha (ou havia) comprado um carro.

No primeiro exemplo, temos o perfeito composto do indicativo e, no segundo, o mais-que-perfeito composto do indicativo.

Auxiliares da voz passiva

O auxiliar da voz passiva é, normalmente, o verbo *ser*, em orações como:

O carro *foi* comprado ontem.

Excepcionalmente, o verbo *estar* pode também funcionar como auxiliar da passiva:

Aquele carro já *estava* vendido pela concessionária havia mais de uma semana.

Auxiliares aspectuais

Os auxiliares aspectuais têm a função de alterar o aspecto original do verbo principal. Vejamos, então, primeiramente, o que é o aspecto verbal. Essa categoria fundamenta-se na duração da ação ou do processo indicado pelo verbo. Para entender o que isso quer dizer, façamos um confronto entre dois verbos: *andar* e *pular*. O primeiro indica uma ação que tem duração maior que a ação expressa pelo segundo, ou seja, *andar* designa um processo mais prolongado que *pular*. Dizemos, pois, haver entre eles, além da diferença de significado, uma diferença de aspecto.

O aspecto verbal traz-nos várias indicações sobre a duração da ação, do processo ou de suas fases. Por meio do aspecto, ficamos sabendo:

- Se a ação é momentânea, como *estourar*, ou durativa, como *percorrer*;
- Se a ação ou processo estão sendo concebidos no início de sua duração (*anoitecer*), no seu desenvolvimento (*pernoitar*) ou no seu término (*acabar*);
- E, ainda, se é contínua (*caminhar*) ou descontínua (*saltitar*).

O auxiliar aspectual é um meio de o enunciador interferir no aspecto verbal do verbo principal, pondo foco no seu início ou final, como em:

1. Ele começou a comer.
2. Ele acabou de comer.

Ou pondo foco na sua duração, como em:

Ele continuava a comer.

Auxiliares modais

Auxiliares modais são verbos como *poder, dever, parecer*, cuja função é acrescentar ao verbo principal um ponto de vista do falante, em frases como:

1. Maria pode lavar a louça.
2. Maria deve lavar a louça.

Uma oração pode apresentar, simultaneamente, mais de um verbo auxiliar, como podemos ver em:

1. Maria pode começar a trabalhar na próxima segunda-feira.
2. Eles devem começar a fazer os relatórios amanhã.

Note que apenas o último verbo à direita (o verbo principal) é o responsável pela rede argumental da oração. Nesses exemplos, *trabalhar* e *fazer*, respectivamente. É *trabalhar* que exige um agente (aquele que trabalha = Maria). É *fazer* que exige um agente (aquele que faz os relatórios = eles) e um resultativo (aquilo que é feito = os relatórios). Os outros verbos – *poder*, *dever* e *começar* – são apenas auxiliares.

Concordância verbal e verbos auxiliares

Em uma oração construída apenas por um verbo principal, esse verbo, além de ser responsável pela rede argumental, veicula também o tempo e a marca de concordância com o sujeito. Quando há um verbo auxiliar, o verbo principal responde apenas pela rede argumental e se mantém na forma nominal infinitiva, ficando a cargo do auxiliar o tempo e a marca de concordância, como vemos nos exemplos:

1. Suas filhas *podem* lavar a louça.
2. Suas filhas *devem* lavar a louça.

Caso haja mais de um auxiliar, é sempre o primeiro auxiliar à esquerda que responde pelo tempo verbal e pela concordância, ficando os outros auxiliares também no infinitivo, como vemos nos exemplos:

1. Elas *podem* começar a trabalhar na próxima segunda-feira.
2. Eles *devem* começar a fazer os relatórios amanhã.

Quando passamos frases desse tipo para a voz passiva com o verbo ser, esse verbo assume a forma infinitiva do verbo principal, que, por sua vez, se transforma em particípio. Exemplo: Os relatórios *devem* começar a ser feitos amanhã.

Falsos verbos auxiliares

Existem dois outros tipos de verbo que costumam aparecer ao lado de um verbo no infinitivo, dando a impressão de que se trata de uma locução verbal. São chamados de "falsos auxiliares". São os seguintes:

- Verbos causativos (são causa de um outro processo): *mandar, deixar, fazer, causar*.
- Verbos sensitivos (estão ligados à experiência dos sentidos): *ver, ouvir, sentir*.

Examinemos as seguintes frases:

1. O peão fez ajoelhar o cavalo.
2. Todos viram passar o avião.

Nessas frases, tanto o verbo fazer (causativo) quanto o verbo ver (sensitivo) têm sua própria estrutura argumental. Vimos, há pouco, que os verdadeiros verbos auxiliares não possuem rede argumental própria. O verbo *fazer* tem um agente próprio como argumento, que, na primeira frase, é *o peão*. Ajoelhar também tem seu próprio agente como argumento: *o cavalo*. O verbo *ver* tem, na segunda frase, o experienciador *todos*, e o verbo *passar* tem também o seu: *o avião*. Trata-se, portanto, de frases com duas orações e não apenas uma, como aconteceria caso se tratasse de locuções verbais verdadeiras.

Como eu ensino

O professor poderá trazer aos alunos textos de editoriais e de artigos de opinião, pedindo-lhes que examinem a natureza dos verbos auxiliares. Depois, levar os alunos a passar algumas frases desses textos para a voz passiva, quando couber, é claro. Por exemplo:

> Uma crença costuma influenciar as políticas de segurança pública no Brasil.
>
> **Voz passiva**: As políticas de segurança pública no Brasil costumam ser influenciadas por uma crença.
>
> É importante que o professor mostre aos alunos que a concordância verbal acontece apenas com o primeiro auxiliar.

Capítulo 15

Argumentação

Vamos supor que o presidente de um país, com o intuito de investir na construção de novas estradas, decida criar um novo imposto. Sua proposta vai a plenário no Congresso e ganha por uma diferença de quatro votos, depois de longas discussões e negociações. Será que podemos concluir que houve uma argumentação vitoriosa por parte do governo? À primeira vista, parece que sim. Mas, no dia seguinte, aparecem nos jornais críticas ao novo imposto, tanto nos editoriais quanto nos artigos de opinião, e uma pesquisa divulga sua impopularidade. Além do mais, quase metade dos parlamentares que votaram contra o imposto saiu bastante insatisfeita do plenário.

O que aconteceu, de fato, é que a argumentação foi ineficiente, pois convenceu apenas a maioria simples de um auditório particular representado pelo Congresso. Teria sido eficaz se o resultado fosse uma unanimidade desse auditório, ou pelo menos uma esmagadora maioria complementada por um elevado apoio popular.

Algumas lições podem ser tiradas desse fato. A primeira delas é que só se argumenta diante de situações controversas, isto é, em que haja opiniões divergentes. Afinal, num bar frequentado por corintianos, ninguém precisaria argumentar defendendo a tese de que o Corinthians é o melhor time do Brasil, não é?

Outra lição é que argumentar não é obter uma vitória contra alguém ou uma minoria. É vencer junto com esse alguém ou com a totalidade de um auditório. Daí a origem do termo *convencer* (com + vencer). Se tivesse havido convencimento, todo o plenário teria votado em peso a favor da nova medida e a população teria aplaudido.

Outra lição, ainda, é que existem dois tipos de auditório: o auditório universal, em que o orador não tem controle de variáveis (no exemplo dado, a população brasileira), e o auditório particular, em que o orador tem controle de variáveis (no exemplo dado, o plenário do Congresso). As pessoas que assistem ao *Jornal Nacional,* da TV Globo, compõem um auditório universal; os alunos de uma turma da faculdade de Economia de uma universidade compõem um auditório particular.

Argumentação: convencer e persuadir

Convencer é fazer com que o outro ou os outros adiram ao nosso pensamento. Mas, muitas vezes, isso não é suficiente. Se pretendo vender um produto a um cliente e consigo que ele concorde comigo sobre a qualidade e a conveniência em adquiri-lo, mas ele não compra o produto, eu apenas o terei convencido. O momento da efetivação da venda, em que ele leva o produto e me dá o dinheiro, é obtido por um processo de persuasão. Assim, enquanto convencer é fazer com que o outro compartilhe as nossas ideias, persuadir é conseguir que ele faça alguma ação pretendida por nós, coisas como comprar um produto, votar em alguém, fazer uma viagem etc.

O respeito que se deve ter ao auditório universal

Há um dito da tradição popular que diz que, se você tiver alguma coisa boa a dizer a respeito de alguém, diga; mas, se for dizer alguma coisa má, é melhor calar a boca. Essa tradição demonstra grande sabedoria. Adaptando-a para a situação de alguém perante um auditório, podemos dizer que, diante de um auditório particular, só devemos dizer aquilo que poderíamos livremente dizer diante de um auditório universal. Todos nós conhecemos inúmeros casos em que pessoas famosas, no momento em que esperavam "entrar no ar" em um programa de televisão, foram flagradas por um microfone indiscreto, dizendo impropriedades que não se atreveriam a dizer, depois, para o auditório universal que as aguardava. Todos nós presenciamos, também, o constrangimento que deixaram transparecer, no momento em que se desdiziam perante as câmaras, pedindo "sinceras desculpas".

A conclusão é que, por uma questão de ética e de autopreservação, sempre que for defender uma ideia, jamais tente aproveitar a chance de usar algum argumento preconceituoso ou politicamente incorreto diante de um público menor, pois esse argumento pode até funcionar no momento, mas, no médio e longo prazo, será catastrófico para você e para sua reputação.

Desenvolvimento da argumentação

Segundo a tradição da Grécia antiga, onde nasceu a retórica como arte de argumentar, um processo argumentativo deveria ser desenvolvido em quatro etapas:

- Invenção;
- Disposição;
- Elocução;
- Ação.

A *invenção* é o momento em que devemos procurar os argumentos para defender a nossa tese. Consiste em procurar pontos de vista diferentes daquilo que o senso comum estabeleceu como certo a respeito de alguma coisa.

É sabido que, ao longo da nossa vida, temos de enfrentar vários obstáculos materializados por circunstâncias ou por pessoas. É o caso de um bacharel em ciências jurídicas que tem de vencer seu primeiro obstáculo, a famosa prova da OAB, ou do *trainee* recém-contratado que tem de enfrentar a competição dos colegas. O ponto de vista do senso comum é que esses obstáculos surgem diante de nós e exigem, como a antiga esfinge, que os decifremos para não sermos "devorados". Aldo Novak, em um texto bastante divulgado, propõe um ponto de vista diferente, o de que os obstáculos que temos de vencer não estão no mundo exterior, mas dentro de nós. Diz ele:

> *Quando acreditamos em alguma coisa, não importa se tal coisa é real ou não, nos comportamos com base na crença, jamais com base na realidade. Isso acontece porque nosso cérebro procura "provas" para tudo aquilo em que acreditamos, ou somos ensinados a acreditar. [...] Assim, se você acredita que pode fazer algo, viver algo, sentir algo, ter algo, sua mente obedecerá e buscará este "algo" sem questionar porque pensará que isso é a realidade. Mas se você acredita que não pode fazer algo, não pode viver algo, não pode sentir algo ou não pode ter algo, sua mente também obedecerá sem questionar, por entender que essa é a sua realidade, por achar que suas limitações são externas a você. Claro que você não notará, mas sua mente sabotará qualquer coisa que vá contra aquilo em que você acredita.*[30]

O chamado "discurso do senso comum" é um poderoso fator de estabilidade e de manutenção do *status*

---

[30] NOVAK, Aldo. Crenças libertadoras ou limitadoras. In: *Orkut*. Disponível em: http://www.orkut.com/CommMsgs?tid=2539881792349123508&cmm=2474766 9&hl=pt-BR. Acesso em: 26 dez. 2011.

quo vigente, mas, ao mesmo tempo, é um fator limitante, quando falamos de criatividade e progresso. Basta dizer que, quando surgiu o microcomputador, pessoas baseadas no senso comum diziam que ele não passava de uma mera curiosidade sem futuro e, quando surgiu o automóvel, acreditavam que a tração animal ainda seria o principal meio de transporte nos cem anos seguintes. Procurar argumentos, portanto, é tentar esquivar-se criativamente do senso comum, procurando pontos de vista diferentes para focar um problema. É por isso que se diz que a argumentação não se fundamenta em verdades absolutas, mas, sim, na verossimilhança.

Outro exemplo, desta vez literário, é um célebre soneto de Olavo Bilac, pertencente a um poema maior intitulado "Via Láctea":

> *Ora (direis) ouvir estrelas! Certo*
> *Perdeste o senso!" E eu vos direi, no entanto,*
> *Que, para ouvi-las, muita vez desperto*
> *E abro as janelas, pálido de espanto...*
>
> *E conversamos toda a noite, enquanto*
> *A Via Láctea, como um pálio aberto,*
> *Cintila. E, ao vir do sol, saudoso e em pranto,*
> *Inda as procuro pelo céu deserto.*
>
> *Direis agora! "Tresloucado amigo!*
> *Que conversas com elas? Que sentido*
> *Tem o que dizem, quando estão contigo?"*
>
> *E eu vos direi: "Amai para entendê-las:*
> *Pois só quem ama pode ter ouvido*
> *Capaz de ouvir e de entender estrelas.*[31]

---

[31] BILAC, Olavo. Via Láctea. Disponível em: http://www.biblio.com.br/defaultz.asp?link=http://www.biblio.com.br/conteudo/OlavoBilac/vialactea.htm. Acesso em: 26 dez. 2011.

Esse poema configura um diálogo entre o eu-lírico do poeta e o discurso do senso comum, em que ele tenta convencer as pessoas de que é possível ouvir estrelas. O argumento utilizado por ele, na última estrofe, é a "razão de quem ama", um ponto de vista radicalmente diferente do senso comum.

A *disposição* trata de ordenar os argumentos. Se temos argumentos fortes e fracos, com qual deles devemos iniciar nossa argumentação? Aristóteles acreditava que o argumento fraco deveria preceder o forte, mas a retórica atual recomenda que se comece com um argumento forte. Se tivermos argumentos fracos, eles podem ficar entre dois fortes. O argumento final deve ser também forte. Essa ordem de argumentos ganhou o nome de "ordem nestoriana", na retórica clássica, em homenagem ao argonauta Nestor, que, na guerra de Troia, costumava, sabiamente, pôr seus melhores soldados à frente e atrás da linha de combate e, entre eles, os médios e os fracos, para que, não podendo fugir, fossem também obrigados a combater.

A *elocução* é o trabalho com a linguagem. Seu ponto alto é o uso das figuras retóricas, hoje reanalisadas a partir da moderna ciência cognitiva.

A *ação* consiste, quando o texto argumentativo é falado, na dicção do orador, no uso da qualidade de voz, do ritmo, da entonação e da prosódia.

Início de uma argumentação: tese de adesão inicial

Quando iniciamos uma argumentação, é importante obter, previamente, o acordo do auditório sobre algum fato ou presunção. Isso torna bastante mais fácil o encaminhamento do processo argumentativo. Se eu quero convencer um grupo de jovens a respeitar os limites de velocidade das rodovias, posso iniciar minha argumentação pondo em foco a importância de se chegar ao destino de modo saudável e com vida. Se eu quero convencer uma pessoa a parar de fumar, posso iniciar minha argumentação expondo uma estatística associando o fumo às mortes de câncer nos pulmões. Isso se chama "tese de adesão inicial". O famoso filme do ex-presidente norte-americano Al Gore, intitulado *An Inconvenient Truth* (*Uma verdade inconveniente*), que lhe deu o Prêmio Nobel da Paz em 2007 e o Oscar da Academia, é, durante quase o tempo todo de projeção, uma tese de adesão inicial, expondo vários aspectos do efeito estufa causado pelo excesso de CO_2 na atmosfera. Apenas no final ele nos fala sobre como é possível reverter o quadro do aquecimento global e nos conclama a agir com essa finalidade.

Como eu ensino

O professor poderá trabalhar com os alunos, especialmente a invenção e as teses de adesão inicial. Para a invenção, pode pedir que se reúnam em pares ou em pequenos grupos e sugiram ideias criativas para problemas comuns, como: diminuir o consumo de drogas; diminuir o espírito consumista das pessoas, levando-as a poupar; prevenir a construção de casas em áreas de risco etc.

Para as teses de adesão inicial, poderá sugerir que redijam argumentos para temas como: o aumento de verbas para o ensino fundamental, a revitalização das estradas de ferro no Brasil, a criação de um "exame de ordem" para os egressos de faculdades de Medicina e Odontologia e muitos outros.

Capítulo 16

A natureza dos argumentos e os argumentos quase lógicos

Os argumentos mais utilizados em retórica pertencem a dois grandes grupos. Os argumentos quase lógicos e os argumentos baseados na estrutura do real. Entre os argumentos quase lógicos, destacam-se: compatibilidade / incompatibilidade, ridículo, regra de justiça e definição.

Argumentação por compatibilidade/ incompatibilidade

Talvez o argumento da compatibilidade / incompatibilidade seja o melhor exemplo de um argumento quase lógico, pois tanto pode basear-se em algo irrefutável quanto refutável. Quando dizemos que não alimentar-se é incompatível com a vida, isso é irrefutável, pois quem deixa de comer morre. Mas, quando dizemos que é incompatível alguém gastar todo o salário em roupas caras e não ter comida em casa, isso é refutável, pois, na prática, é possível encontrar quem aja dessa maneira. Esse argumento depende também da cultura, da história e dos preconceitos. Em alguns países árabes, por exemplo, ser mulher e tirar carteira de motorista é incompatível, mas isso não acontece nos países ocidentais. Ser mulher e votar era incompatível no Brasil até 1932, mas hoje não é mais. Usando esse argumento, podemos defender a tese de que o crescimento da democracia em um país é incompatível com uma educação de baixa qualidade, ou que obedecer rigorosamente às leis de trânsito nas estradas é compatível com a diminuição de mortes durante os feriados prolongados.

Argumentação pelo ridículo

A argumentação pelo ridículo consiste em concordar de maneira aparente com a opinião do auditório, exagerando-a, muitas vezes de modo irônico, com o objetivo de refutá-la. Um dos mais belos exemplos dessa técnica é apresentado por Shakespeare na peça *Júlio César*, quando Marco Antônio discursa diante do corpo de César, assassinado por seus opositores.

Antes da fala de Marco Antônio, podemos ver a posição do povo, contrária a César, pelas seguintes falas:[32]

> *PRIMEIRO CIDADÃO – Esse César era um tirano!*
>
> *TERCEIRO CIDADÃO – É claro que somos abençoados por Roma ter ficado livre dele.*
>
> *SEGUNDO CIDADÃO – Fiquem quietos! Vamos ouvir o que Antônio pode dizer.*

Nesse clima contrário a Júlio César vem a fala de Marco Antônio:

> *ANTÔNIO – Dignos romanos...*
>
> *CIDADÃOS – Quietos! Vamos ouvi-lo.*
>
> *ANTÔNIO – Amigos, romanos, cidadãos, emprestem-me seus ouvidos! Vim para o enterro de César, não para elogiá-lo. O mal que os homens fazem continua a viver depois deles, mas o bem quase sempre é enterrado com seus ossos. Seja assim com César. O nobre Brutus disse a vocês que César era ambicioso.*

---

[32] Shakespeare, *Julius Caesar*. Disponível em: http://www.virtualbooks.com.br/v2/ebooks/?idioma=Ingl%EAs&id=00595. Acesso em 8.02.2012. A tradução é minha.

Se ele o era, foi um doloroso erro, e ele dolorosamente pagou por isso. Aqui, sob a permissão de Brutus e do resto — como Brutus é um homem honrado também são todos os outros, todos homens honrados — vim eu para falar nos funerais de César. Ele era meu amigo, fiel e justo para mim. Mas Brutus diz que ele era ambicioso, e Brutus é um homem honrado. César trouxe numerosos cativos para Roma, cujos resgates encheram os cofres da cidade. Isso em César parece ambicioso? Quando os pobres choravam, César enxugava as suas lágrimas. Ambição deveria ser algo mais sério. Mas Brutus disse que ele era ambicioso, e Brutus é um homem honrado. Vocês todos viram que, nas Festas Lupercais, eu três vezes ofereci a ele a coroa real, que ele recusou três vezes. Isso foi ambição? No entanto, Brutus disse que ele era ambicioso, e certamente Brutus é um homem honrado. Eu não falo para desaprovar o que Brutus disse, mas estou aqui para falar do que eu sei. Vocês todos o amavam então, e não sem motivo. O que é que impede agora vocês de chorar por ele? Ó julgamento, vocês se transformaram em brutos animais e os homens perderam a razão. Perdoem-me, mas meu coração está no caixão onde está Cesar e eu devo fazer uma pausa até que ele volte para mim.

Vemos que Marco Antônio finge concordar com o populacho e também com Brutus, um dos assassinos de César, mas, à medida que demonstra por meio de fatos a injustiça feita contra o governante romano morto, vai ridicularizando Brutus, ao repetir, ironicamente, que ele é um homem honrado. Em seguida ao emprego dessa técnica argumentativa, a opinião dos ouvintes começa a mudar:

PRIMEIRO CIDADÃO – Acho que há muita razão nas suas palavras.

SEGUNDO CIDADÃO – *Se vocês considerarem corretamente esse assunto, César teria cometido um grande erro.*

TERCEIRO CIDADÃO – *Teria ele, senhores? Tenho medo de que um pior venha em lugar dele.*

QUARTO CIDADÃO – *Vocês prestaram atenção nas palavras de Antônio? César não aceitou a coroa. Logo, é claro que não era ambicioso.*

Argumentação por regra de justiça

O argumento da regra de justiça fundamenta-se na premissa de que se devem tratar situações iguais da mesma forma. É o argumento usado, por exemplo, por um garoto que reclama pelo fato de que sua mãe deixou o irmão mais velho ficar até às 10 da noite vendo televisão e obrigou a ele que se deitasse mais cedo. Um outro exemplo é o de o governo federal destinar uma quantidade maior de verba a governos municipais cujos prefeitos sejam de seu partido, em detrimento de outros cujos prefeitos sejam de outros partidos. Afinal, os habitantes de ambas as cidades são brasileiros e a Constituição Federal diz que todos são iguais. É justo, portanto, que as verbas sejam distribuídas de maneira equânime.

Argumentação por definição

A argumentação por definição pode trabalhar com a definição denotativa ou lógica de uma palavra. Citando a Bíblia, podemos comentar a frase dita por Cristo, segundo o Evangelho de João, cap. 13: "Eu vos dou um novo mandamento: que vos ameis uns aos outros; que, assim como eu vos amei, vós também vos ameis uns aos outros". Vejam que Cristo não disse: Eu vos dou um conselho, ou uma sugestão. Disse: "Eu vos dou um novo mandamento". O que é um mandamento? É uma prescrição, regra, preceito, algo para fazer e não para discutir. Devemos, então, sem nenhuma discussão, amar sempre todas as pessoas, indistintamente.

Algumas vezes, utilizamos uma definição chamada de *expressiva*, que não corresponde à definição denotativa ou lógica. O poeta Vinicius de Moraes, defendendo seu hábito de beber uísque, tornou famosa a seguinte definição expressiva: "O uísque é o melhor amigo do homem. O uísque é o cachorro engarrafado!" Um outro exemplo é o utilizado pelo consultor Robert Wong, para definir a palavra liberdade:

> *Refletindo mais profundamente, descobri que a palavra* freedom *não tem uma tradução direta e exata para o português. Traduziram-na como "liberdade", mas liberdade é* liberty *e independência é* independence. *Partindo da premissa de que* free *significa "de graça", concluí que talvez a melhor forma de transmitir o significado dessa magnífica palavra seja "estado de graça".*[33]

Como eu ensino

O professor poderá pedir aos alunos que, a partir da leitura de alguma matéria de uma revista semanal ou um blog na internet, procurem identificar o emprego de argumentos quase lógicos. Poderá pedir, também, que redijam pequenos textos utilizando esses argumentos.

---

[33] WONG, Robert. Uma nova liberdade. *Robert Wong*. Site do autor. Disponível em: http://www.robertwong.com.br/noticias_ver.php?id=16. Acesso em: 6 jan. 2012.

Capítulo 17

Argumentos baseados na estrutura do real

Argumentos baseados na estrutura do real são aqueles fundamentados na experiência, nos elos reconhecidos entre as coisas. Os principais são: argumento pragmático, exemplo, modelo ou antimodelo e analogia.

Argumentação pragmática

O argumento pragmático tem sua fundamentação em um nexo causal entre um evento e suas consequências. Vejamos um exemplo, a partir de algumas considerações sobre a criação da chamada Zona Franca de Manaus.

> *"Foi apresentado no dia 2 de setembro de 2009, na Câmara de Deputados, em Brasília, um estudo intitulado 'Impacto virtuoso das empresas do PIM na preservação da Floresta Amazônica'. Esse estudo mostra que, de acordo com o Instituto Nacional de Pesquisas Espaciais (INPE), o Estado do Amazonas conta atualmente com 98 por cento da sua cobertura vegetal preservada. Comparativamente, segundo o INPE, o Pará tem apenas 70 por cento de sua área preservada e o Mato Grosso, 30 por cento."*

A Zona Franca de Manaus, criada em 1967, levou para lá empresas como a Honda e a Nokia. Hoje são 403 empresas. Isso criou uma grande quantidade de empregos, evitando que seus habitantes tivessem de sobreviver desmatando a floresta ou se empregando em madeireiras. Leia um depoimento sobre esse fato, em um número da revista *Veja* de setembro de 2003:

> "Quando chegamos aqui, os primeiros empregados se recusavam a usar uniforme e nem queriam conversar sobre a necessidade de calçar sapatos", recorda o diretor adjunto da fábrica de motocicletas Honda, Paulo Shuiti Takeuchi. Seringueiros e pescadores eram recrutados por carros com alto-falantes. Do lado de fora dos galpões, só se viam mato, de dia, e escuridão, à noite.

Depois de recrutar essa mão de obra inexperiente em trabalho industrial, as empresas tiveram de providenciar sua educação, criando escolas e cursos específicos, fazendo com que o nível educacional da cidade de Manaus e do estado do Amazonas crescesse de maneira acentuada.

Resumindo, podemos dizer que a criação da Zona Franca proporcionou:

a) um grande desenvolvimento para o estado do Amazonas. Somente em 2008, a Zona Franca teve um faturamento equivalente a três vezes o PIB da Bolívia;

b) o desmatamento foi reduzido, uma vez que a satisfação das necessidades econômicas da população foi suprida pela indústria e não pela extração irregular de madeira;

c) a educação cresceu de maneira consistente, puxada pela necessidade de formação de mão de obra especializada.

Em termos argumentativos, primeiramente apresentamos essas consequências ao auditório e, uma vez que ele concorde com o valor delas, transferimos esse valor para a sua causa: a criação da Zona Franca de Manaus. Podemos, então, defender a tese de que, para preservar a Amazônia de modo geral, em vez de apenas reprimir as madeireiras clandestinas e os pecuaristas que desmatam para formar pastos, poderiam ser criadas zonas francas em outros estados, procurando multiplicar a experiência positiva do Amazonas.

A regra pragmática, contudo, oferece dois riscos. O primeiro deles é o de que os fins justificam os meios. Há pessoas que defendem a pena de morte para neutralizar definitivamente os bandidos perigosos. Afinal, quem está morto não vai mais fugir da cadeia. Só que existem dois problemas: além de o objetivo de evitar um crime não justificar a pena de morte, ela é inconstitucional no Brasil.

Um outro problema na aplicação desse tipo de argumento é o da superstição, uma vez que nem sempre o que vem antes é causa do que vem depois, resultando daí um sofisma. Alguém pode dizer, ao chegar em casa e descobrir um vazamento de água que está inundando tudo:

– Nada mais natural, afinal, há alguns minutos na rua um gato preto atravessou a minha frente.

Com base nesse tipo de argumento, há pessoas que seguem verdadeiros rituais, antes de fazer qualquer coisa importante. É sabido que o piloto francês François Cévert, um dos mais brilhantes pilotos de Fórmula 1, antes de cada treino ou corrida, seguia sempre o ritual de vestir-se com roupas protetoras brancas sob o macacão oficial da escuderia, achando que isso lhe traria sorte. Morreu, tragicamente, em um acidente nos treinos classificatórios para o Grande Prêmio de Watkins Glen, na Inglaterra, em 6 de outubro de 1973.

Argumentação pelo exemplo

O argumento do exemplo é um dos mais utilizados em retórica. Para defender a tese de que, para ter sucesso, devemos procurar libertar nossa mente da influência da realidade em que vivemos, substituindo nossas crenças limitadoras por crenças libertadoras, Aldo Novak, anteriormente citado, utiliza o exemplo de Henry Ford:

> *Antes de Henry Ford, criador da indústria automobilística moderna e da linha de produção, todos os fabricantes de carros achavam que não poderiam fabricar veículos baratos em série, que não poderiam ganhar dinheiro assim, que não poderiam fazer suas indústrias crescerem. Era uma "fantasia", uma crença limitadora na qual todos apostavam. Ford tinha uma fantasia diferente, uma crença libertadora de que ele poderia vender carros mais baratos, poderia ganhar dinheiro, poderia fazer sua indústria crescer. E ficou multimilionário por acreditar nisso, e agir para isso dar certo, levando os concorrentes arrogantes à falência e vendendo carros para os próprios funcionários e suas famílias, o que todos diziam ser impossível.*[34]

Mais à frente, utiliza mais três exemplos conhecidos:

"Quando temos crenças libertadoras, nosso limite é a realidade. Quando temos crenças limitadoras, nosso limite é nossa própria crença".

---
[34] NOVAK, Aldo. *Op. cit.*

Aleijadinho acreditava que podia esculpir, mesmo sem as mãos. Beethoven acreditava que podia compor, mesmo surdo. Cora Coralina acreditava que podia escrever poesias, mesmo sem "ser estudada". Eles tinham crenças libertadoras.

Argumentação pelo modelo

A argumentação pelo modelo se confunde às vezes com a argumentação pelo exemplo. A diferença, sutil às vezes, reside no fato de que, quando utilizamos a argumentação pelo exemplo, pinçamos um aspecto da vida de alguém ou de um evento, ao passo que, quando argumentamos pelo modelo, utilizamos a biografia inteira de alguém ou uma sucessão múltipla de eventos. Podemos, por exemplo, para defender a tese de que é possível superar problemas para chegar a resultados importantes em nossas vidas, utilizar o modelo de Chester Floyd Carlson, o inventor do xerox.

Pouca gente sabe que Carlson, nascido em 1906, teve que começar a sustentar seus pais quando tinha 14 anos, pois eles eram tuberculosos e sofriam também de artrite reumatoide. Pela manhã, antes de ir à escola, limpava vidraças das casas de vizinhos e, à tarde, depois das aulas, limpava escritórios comerciais para ganhar dinheiro. Quando seus pais morreram, enviou seu currículo para 82 empresas e foi rejeitado por todas. Mais tarde, conseguiu um emprego em uma empresa de patentes e, achando complicado ter de reproduzir manualmente os desenhos das invenções, começou a pesquisar um processo mais fácil de reprodução, depois que teve contato, em uma biblioteca, com um livro de eletrostática. Desenvolvia suas pesquisas em seu apartamento de apenas um quarto, no bairro de Queens, em Nova

York, tendo de usar o fundo de um guarda-roupa como bancada e, muitas vezes, sucata como material de pesquisa. Seis anos depois, conseguiu descobrir uma técnica que batizou inicialmente de eletrofotografia, mas cujo nome foi mudado, com o auxílio de um professor de línguas clássicas, para xerografia, ou simplesmente xerox. A partir daí, ganhou 150 milhões de dólares, tendo doado 100 milhões para a caridade. Morreu de infarto em 19 de setembro de 1968, com 62 anos de idade.[35]

Argumentação pelo antimodelo

O argumento pelo antimodelo é "aquilo que não se deve imitar". Na educação espartana, era comum expor como exemplo (antimodelo) aos jovens esparciatas, classe dominante da cidade-estado, um hilota, escravo dedicado às tarefas agrícolas, completamente bêbado, durante as sissítias, refeições coletivas em que a elite se divertia com farta distribuição de comida.

Argumentação por analogia

A argumentação por analogia é uma das mais frequentes. Trata-se de comparar a tese que se quer defender com uma outra que, embora diferente, contém elementos parecidos.

O filósofo e economista Eduardo Giannetti, em seu livro intitulado *Felicidade*, para defender a ideia de que o bem-estar de uma pessoa é algo mais subjetivo do que objetivo, faz uma analogia com uma situação hipotética entre Bentinho e Capitu, do ro-

---

[35] Cf. WIKIPEDIA. Chester Carlson. *Wikipedia*: the free encyclopedia. Disponível em: http://en.wikipedia.org/wiki/Chester_Carlson. Acesso em 12 jan. 2012.

mance *Dom Casmurro* de Machado de Assis. Nesse livro, Bentinho acreditava que sua esposa Capitu o traía com o amigo Escobar e sofria muito com isso. Diz Giannetti:

> *Considere, por exemplo, para efeito de raciocínio, duas situações hipotéticas: A e B. Na situação A: Bentinho deseja que Capitu seja fiel, ela é fiel, mas ele acredita que ela não seja. E na situação B: Bentinho deseja que Capitu seja fiel, ela não é, mas ele acredita que ela seja. Em A, o desejo de Bentinho está sendo objetivamente satisfeito, mas ele não é feliz – é o inferno dos tolos. Ao passo que em B o seu desejo não está sendo satisfeito, mas ele é feliz – é o paraíso dos tolos.*[36]

Em outro capítulo, para defender a ideia de que o ser humano só sente prazer e satisfação ao passar de uma condição a outra, ao experimentar mudanças, faz duas analogias:
"Se todo dia é carnaval, acabou o carnaval. A garota de Ipanema é, por definição, a 'que vem e que passa', jamais a que fica".

Como Eu Ensino

O professor poderá pedir aos alunos que, a partir da leitura de alguma matéria de uma revista semanal ou um blog na internet, procurem identificar o emprego de argumentos baseados na estrutura do real. Poderá pedir, também, que redijam pequenos textos utilizando esses argumentos.

Veja dois exemplos de início de textos com base na proposta da Fuvest em seu vestibular de 2010:

---

[36] GIANETTI, Eduardo. *Felicidade:* diálogos sobre o bem-estar na civilização. São Paulo: Companhia das Letras, 2002.

Proposta da Fuvest (adaptada)

Na civilização em que se vive hoje, constroem-se imagens, as mais diversas, sobre os mais variados aspectos; constroem-se imagens, por exemplo, sobre **pessoas**, **fatos**, **livros**, **instituições** e **situações**. No cotidiano, é comum substituir-se o real imediato por essas imagens. Dentre as possibilidades de construção de imagens enumeradas acima, em negrito, **escolha apenas uma** como tema de seu texto e redija uma dissertação em prosa, lançando mão de argumentos e informações que deem consistência a seu ponto de vista.

Resolução com a argumentação pelo exemplo

As pessoas e as imagens

"O original é muito superior ao retrato" – disse o Marquês de Barbacena, depois de entregar a D. Pedro I um retrato da futura segunda imperatriz do Brasil, Dona Amélia. De fato, consta que o imperador quase desmaiou quando a viu no esplendor dos seus 17 anos no convés do navio que a trouxera da Europa. E, abandonando seu longo passado de infidelidades, apressou-se a criar a "Ordem da Rosa", cujo lema seria "Amor e Fidelidade". Nesse caso, a realidade foi melhor do que a imagem, mas nem sempre isso acontece.

Para os pais, a imagem edulcorada dos filhos impede muitas vezes que eles sejam educados como deviam. Para o eleitor desavisado, a boa imagem de um candidato ruim atrai o voto que lhe vai permitir desgovernar durante quatro anos. É claro que imagem aqui não se restringe à figura fotografada ou desenhada do candidato, mas ao discurso feito por ele ou sobre ele por algum marqueteiro.

Resolução com a argumentação por analogia

As pessoas e as imagens

Durante a Idade Média, nas feiras itinerantes que percorriam as aldeias, pequenos animais que serviam de alimento, como galinhas, leitões e coelhos, eram vendidos vivos. Quando comprados, eram postos pelo vendedor dentro de um saco amarrado com um cordel. Algumas vezes, um comerciante esperto aproveitava um descuido do cliente para enfiar no recipiente, no lugar do animal adquirido, um dos gatos vadios que andavam usualmente pela feira na esperança de obter algum alimento.

É claro que o freguês descobria o engano em que caíra somente ao chegar em casa. Daí surgiu a expressão portuguesa "comprar gato por lebre", que significa ser enganado, e também a inglesa *"let the cat out of the bag"*, que significa revelar um segredo. Coisa semelhante acontece em relação a uma imagem e sua realidade. Muitas vezes a realidade a respeito de uma pessoa, que colocamos no saco da nossa crença, não corresponde àquilo que ela é de verdade. Que tal pensar nos políticos, por exemplo? A imagem retratada e falada é uma. A realidade que nos desgovernará por quatro anos costuma ser um gato de bom tamanho.

Capítulo 18

Falácias não formais

Falácias não formais são argumentos incorretos, mas psicologicamente bastante eficazes. Devemos evitá-las em nossas argumentações e saber identificá-las nas argumentações dos outros. As principais falácias não formais são:

1. Conclusão inatingente

A conclusão inatingente acontece quando um argumento, que é conclusão de um caso particular, é utilizado para uma conclusão diferente. Exemplo: numa sessão do Tribunal do Júri, o réu está sendo acusado de ter matado a esposa. Diante do corpo de jurados, o promotor diz que assassinar a esposa é um dos piores crimes que podem existir, pois se trata de matar alguém que confia incondicionalmente no parceiro. Diz ele que, por esse motivo, o réu merece ser condenado à pena máxima.

Ora, o que está em pauta não é o julgamento da natureza do crime em questão, mas certificar-se se o réu cometeu de fato esse crime. Não se pode concluir do fato de o uxoricídio (assassinato da esposa) ser um crime hediondo que o réu seja culpado e condenado por ele.

2. *Argumentum ad baculum*

O *argumentum ad baculum* (apelo à força) fundamenta-se na premissa de que "a força faz o direito". Exemplo: diante da insistência do Irã em desenvolver seu programa de energia nuclear, alguém argumenta que esse país deve desistir disso, uma vez que corre o perigo de ser bombardeado pelos Estados Unidos ou por Israel e, como consequência, milhares de inocentes poderão morrer.

Se queremos argumentar contra o programa de energia nuclear desenvolvido pelo Irã, devemos utilizar argumentos de outra natureza: éticos, econômicos etc., mas não um argumento de força.

3. *Argumentum ad hominem*

Nessa falácia, argumenta-se contra ou a favor de uma pessoa. Em vez de refutar a verdade daquilo que se afirma, ataca-se o autor da afirmação. Exemplos:

> O Papa falou sobre como deve ser a educação dos filhos, ensinando-os a falar sempre a verdade, não importando as consequências, mas ele mesmo, como padre católico, fez voto de castidade e nunca teve filhos. Como pode dar conselhos a quem casou e tem filhos?

O que importa, nesse caso, é discutir as ideias do Papa e não sua vida pessoal.

> Devemos votar em Fulano de Tal para prefeito, pois é um homem exemplar que nunca deixou de pagar uma de suas contas sequer e vai frequentemente à Igreja.

O que importa, nesse caso, é saber se Fulano de Tal tem liderança e capacidade administrativa. O fato de pagar suas contas e ir à Igreja, embora seja algo positivo, não garante que ele vá ser um bom prefeito.

4. Argumentum ad ignorantiam

Comete-se essa falácia (argumento pela ignorância) quando se sustenta que uma proposição é verdadeira simplesmente porque não se demonstrou sua falsidade, ou que é falsa porque não se demonstrou sua verdade. Exemplo: existe vida após a morte porque, até agora, ninguém conseguiu provar que não existe. Ou: não existe vida em outros planetas, pois ninguém até agora conseguiu provar que existe.

Somente em juízo esse argumento não é uma falácia. Afinal, segundo um princípio de Direito, "ninguém é culpado até prova em contrário". É por esse motivo que alguém pode ser absolvido por insuficiência de provas.

5. Argumentum ad misericordiam

Comete-se essa falácia quando se apela à piedade para conseguir que se aceite uma determinada conclusão. Exemplo: o réu deve ser absolvido. Afinal, desde pequeno, convive com a violência e a falta de carinho. É uma vítima da sociedade e não um criminoso! Outro exemplo: Fulano merece um aumento de salário. Afinal de contas, acaba de ter outro filho, está com a prestação do carro atrasada e sua mulher perdeu o emprego.

6. Argumentum ad populum

Comete-se essa falácia quando se dirige um apelo emocional ao povo, com o propósito de ganhar aprovação para uma conclusão que não se sustenta por um raciocínio válido. É o argumento preferido dos ditadores populistas que tomam medidas arbitrárias dizendo que são para o bem do povo, da democracia ou do crescimento do país.

7. *Argumentum ad verecundiam*

Comete-se essa falácia quando se apela a uma autoridade, explorando o sentimento que as pessoas sentem por alguém famoso em alguma área. Um exemplo disso é a longa tradição de explorar marcas de relógio associadas a pessoas ou artistas de cinema, como o Omega Speedmaster, relacionado ao ex-presidente Kennedy, ou o Rolex Submariner, ligado ao ator Sean Connery no papel do agente inglês James Bond. Outro exemplo bastante comum é a tendência que muita gente tem de copiar as roupas e acessórios usados por artistas de novela e apresentadores de televisão.

8. Argumento da causa falsa

Comete-se essa falácia ao tomar como causa de um acontecimento algo que não é sua causa real. Exemplos:

1. Sempre que sua mãe vem nos visitar, alguma coisa acontece de errado nesta casa.
2. Fulano de Tal estava com uma forte gripe e sarou depois que tomou chá de capim.

Essa falácia acontece, como vimos há pouco, quando se usa indevidamente o argumento pragmático.

9. Argumento da pergunta complexa

Comete-se essa falácia, pressupondo-se que já existe uma resposta positiva a uma pergunta embutida em outra pergunta. Exemplos:

Você parou de bater na sua mulher?
O que você fez com o dinheiro que roubou?
Por que as empresas privadas são mais eficientes do que as empresas públicas?

Em todos esses casos, existe embutida uma pressuposição maliciosa. Afinal, é preciso saber, antes, se a pessoa acusada batia na mulher, se a pessoa acusada de roubo cometeu realmente esse crime e se as empresas privadas seriam, de fato, mais eficientes do que as públicas.

Como eu ensino

Os alunos poderão, a partir da leitura de jornais do dia, revistas semanais ou de um blog na internet, identificar o emprego de alguma falácia não formal. O professor poderá, também, oferecer exercícios como o seguinte:

Exercício

Classifique e explique cada uma das diversas falácias não formais contidas nas seguintes afirmações:

1. Permitir o aumento da imigração no país tornará mais forte sua economia. Afinal, precisamos dar uma oportunidade a pessoas extremamente pobres, desamparadas, provindas de outras terras, com filhos pequenos e que mal conseguem ter uma refeição por dia. (Solução: *argumentum ad misericordiam.*)

2. Não devemos aumentar a imigração no país. Nossas belas cidades não devem ser penalizadas, recebendo hordas de pessoas maltrapilhas, que

têm crenças estranhas e transmitem doenças como a tuberculose e até mesmo, dizem, a gripe aviária. (Solução: *argumentum ad hominem*.)

3. Todos os componentes da equipe do governador X são pessoas honestas. Nenhum deles, até hoje, deixou de pagar uma dívida sequer. Por isso, podemos confiar no governo X. Podemos confiar em que nenhum cidadão ficará sem receber tudo o que tiver direito, em caso de ter de pleitear alguma ação legal contra o Estado. (Solução: *argumentum ad hominem*.)

4. É um perigo concreto o Brasil votar contra os Estados Unidos na ONU. Afinal de contas, a maior parte das nossas exportações vai para lá. Lembremo-nos de que apenas no início deste ano foi abolido o imposto sobre o aço brasileiro. (Solução: *argumentum ad baculum*.)

5. O Sr. João da Silva defende um aumento de dotação orçamentária para a polícia e para o Ministério Público, mas essa proposta pode ser tranquilamente ignorada. Afinal, como membro do Ministério Público que é e na condição de promotor de justiça, ele tem interesse direto no investimento financeiro voltado para as forças de segurança. (Solução: argumento da causa falsa.)

6. Apesar de todas as críticas e escândalos, devemos votar no partido X nas próximas eleições. Afinal, esse partido ainda detém maioria em ambas as casas do Congresso. Será impossível para um partido de oposição governar sem essa maioria. (Solução: *argumentum ad baculum*.)

7. É claro que deve haver vida em outros planetas. Afinal, Carl Sagan e até mesmo Einstein manifestaram sua crença no fato de que não estamos sós no universo. (*Argumentum ad verecundiam*.)

8. É claro que não há vida em outros planetas. Afinal, todos os depoimentos de pessoas que afirmam ter visto ETs são extremamente fantasiosos e, quando não, estão ligados a seitas esotéricas. (Solução: *argumentum ad hominem*.)

9. Deve ser um excelente negócio para um aposentado conseguir um empréstimo consignado, pois pessoas públicas consagradas e também celebridades recomendaram a operação. (Solução: *argumentum ad verecundiam*.)

10. Foi durante o governo do partido X que estourou a crise da Rússia e dos países asiáticos. Foi durante o governo do partido X que ocorreu um aumento da epidemia da dengue. Se você quer de volta crises econômicas e epidemias, vote no partido X. (Solução: conclusão inatingente.)

Capítulo 19

Algumas palavras sobre persuasão

Como vimos, a persuasão representa um passo além do convencimento. É por meio da persuasão que podemos conseguir que nossos interlocutores façam algo que pretendemos que façam. A persuasão se fundamenta crucialmente nos valores do outro. O erro mais frequente, quando queremos conseguir alguma coisa de alguém, é achar que devemos apoiar-nos em nossos próprios valores. Isso equivale à conhecida imagem de "olhar para o próprio umbigo". É preciso levar em conta, primeiramente, o que é importante para o outro, o que ele tem a ganhar fazendo o que queremos, para que o nosso objeto de desejo seja uma simples consequência do ganho do outro.

Segundo a tradição clássica, os valores podem ser divididos em dois grupos: os valores ligados ao útil e os valores ligados ao sensível. Os valores úteis estão ligados apenas às coisas materiais, como dinheiro, automóveis, imóveis, comida etc. Os valores sensíveis são aqueles intangíveis do ponto de vista material, como gostar de música, de um bom teatro, de amigos etc. Nossos valores estão estreitamente ligados às nossas emoções. Por isso é que se diz que a persuasão é um apelo feito às emoções, que podem ser eufóricas, como alegria ou amor, ou disfóricas, como medo, raiva ou tristeza. As emoções eufóricas são o foco dos nossos valores.

Em toda negociação bem-sucedida, o negociador procura, em primeiro lugar, pôr foco nos valores da outra parte, naquilo que ela pode ganhar e, somente depois disso, dá destaque àquilo que deseja para si. Um bom vendedor de carros, por exemplo, procurará, antes de falar em preços e formas de pagamento, informar-se sobre o comprador: se costuma viajar muito, se tem filhos pequenos, se gosta de esportes etc. Agindo dessa forma, poderá ajudá-lo a escolher um modelo mais adequado aos seus hábitos e desejos.

O gerenciamento da relação num processo de persuasão

Não apenas para persuadir alguém a fazer alguma coisa, mas também para ter qualidade de vida e sucesso profissional, devemos aprender a nos relacionar bem com as pessoas ao nosso redor. Infelizmente, tanto a mídia impressa quanto os filmes e as novelas que vemos na televisão procuram demonstrar, erradamente, que nossos problemas devem ser resolvidos por meio da discussão acalorada, da força física ou com o uso de armas de fogo. O resultado, todos sabemos: de um pequeno acidente de trânsito pode resultar uma morte; da intolerância com aqueles que são diferentes, o *bullying* ou uma agressão física.

A primeira atitude a assimilar é a famosa educação de base. Aprender a pedir *por favor* e a agradecer com um *muito obrigado* etc. O grau imediatamente acima é a gentileza ou cortesia. Ser cortês é abrir a porta para uma mulher ou dar passagem a outra pessoa por cortesia; parar o carro, quando alguém tenta sair de uma garagem em uma rua congestionada; levantar-se, quando uma mulher ou uma pessoa idosa adentra um ambiente. Ser cortês é saber ouvir as pessoas, e não ficar falando o tempo todo. E, ouvindo, pôr foco nos valores do narrador, e não nos próprios.

Educação, cortesia, bom relacionamento são as grandes alavancas para o sucesso pessoal e profissional na vida das pessoas. O médico de sucesso, por exemplo, não é aquele que passou em primeiro lugar no vestibular ou fez o curso inteiro com nota dez, mas aquele que, depois de formado, mostra-se capaz de ver seus pacientes como seres humanos, de conversar com eles para compreender melhor os problemas que os afligem. Publicações recentes, como o livro *Fora de série* (*Outliers*), do escritor Malcolm Gladwell[37], mostram que, surpreendentemente, indivíduos com QI 170, casos raríssimos, acabam trabalhando de empregados para pessoas que possuem QI 110 e, muitas vezes, não conseguem sequer ganhar o suficiente para a própria sobrevivência. O motivo? Dificuldades de relacionamento interpessoal.

Um dentista certa vez atendeu uma paciente que estava noiva e ia casar-se na semana seguinte. Ela o havia procurado para fazer clareamento dos dentes. Fazendo um exame prévio em sua boca, o dentista notou que ela tinha um terceiro molar quase incluso, um pouco inflamado. A boa conduta odontológica impunha que fizesse a cirurgia antes de qualquer outro procedimento. Quando lhe foi perguntado por um colega se havia extraído o terceiro molar, respondeu:

> – É claro que não. Receitei apenas um anti-inflamatório e recomendei-lhe que escovasse muito bem o local para que a inflamação não progredisse. E fiz o clareamento. Afinal, ela queria aparecer com um sorriso lindo nas fotos do casamento. Quando voltou, dez dias depois da lua de mel, fiz a cirurgia.

Dessa maneira, esse profissional ganhou uma nova paciente e talvez até mesmo outras pessoas de sua família como pacientes. Num momento como

---

[37] GLADWELL, Malcolm. *Fora de série:* outliers. Tradução de Ivo Korytowski. Rio de Janeiro: Sextante, 2008. Nas páginas 95-97, Gladwell narra como o físico Robert Oppenheimer conseguiu, por meio de sua "inteligência prática" ou "destreza social", convencer o general Groves a ser o diretor do Projeto Manhattan, que construiu a bomba atômica.

aquele, ele soube priorizar o que era importante para a pessoa que o procurara. É claro que, se houvesse riscos relevantes à sua saúde, sua conduta teria sido outra.

Concluindo, não apenas quando nos propomos a argumentar e a persuadir, mas em todos os momentos da nossa vida, devemos pôr em primeiro lugar uma maneira positiva de nos relacionar com o outro. Isso não quer dizer que não devamos ser assertivos, manifestando sinceramente nossas opiniões. Mas devemos saber fazer isso de maneira educada e cortês. Críticas, por exemplo. Ninguém gosta de receber críticas, mas elas são muitas vezes necessárias para a eliminação de erros e o crescimento das pessoas, profissionalmente e em seu plano pessoal de vida. Uma maneira de resolver esse problema é substituir a crítica que queremos e devemos fazer por duas ações: aquilo que tradicionalmente chamamos *feedback* e aquilo que começa a ser usado, recentemente, nessas situações, o *feedforward*. Um exemplo: há uns três anos, recebi um conto de um aluno meu de graduação da Unesp, para que fizesse uma crítica. Li o conto e vi que, embora seu autor tivesse talento, o resultado tinha sido medíocre. Bem, eu poderia ter dado apenas esse retorno, dizendo:

– Olhe, deu para perceber que você tem talento, mas seu conto não está lá muito bom.

Isso jogaria um balde de água fria em sua disposição de ser escritor, além de ferir o seu ego. Eu poderia fazer pior ainda e enganá-lo dizendo que o conto estava bom e que ele deveria continuar a escrever assim etc. Aí, o ego dele estaria a salvo, mas ele estaria enganado e propenso a escrever de maneira medíocre. O que fiz? Disse-lhe o seguinte:

– Olhe, deu para perceber que você tem talento, mas seu conto tem um problema: falta o conflito. Toda narrativa de ficção tem de ter um conflito. Se numa história de amor, o casal que se ama não tem problemas de qualquer natureza, entre si, com a família, com posição social, não existe história de amor, mas apenas um relatório bonitinho e açucarado.

Fazendo isso, eu dei o *feedback*, ou seja, expliquei o que havia a ser consertado. O passo seguinte era o *feedforward*, o que fazer depois, para consertar a falha. Aí, disse o seguinte:

– Veja, você conta uma história de dois amigos que foram combater na Europa, durante a II Guerra. Que tal começar a história dizendo que eles eram apenas conhecidos e que havia diferenças entre eles? Dizer que um pertencia a uma camada social superior ao outro, ou que um era muito egoísta e o outro não? Uma coisa importante: faça isso tornar-se visível logo no início do conto para criar suspense. Imagine uma discussão entre os dois por um desses motivos, diante de uma situação prática. Na sequência do conto e, principalmente no final, você resolve esse conflito: o que era socialmente inferior descobre a total desimportância disso num momento de combate, ou o que era egoísta descobre que essa atitude pode ser fatal numa guerra, e assim por diante. Depois da colocação do conflito no início do conto, você terá um leitor atento, motivado para ver de que maneira a situação vai ser resolvida no final.

O resultado prático da nossa conversa foi que ele voltou entusiasmado para casa, refez inteiramente o conto e acabou ganhando um concurso literário com ele.

Como eu ensino

O professor poderá discutir com os alunos situações comuns de relacionamento familiar e em sociedade, poderá tocar no problema do *bullying* e sobre como resolvê-lo.

Em termos de persuasão, poderá propor aos alunos situações-problemas para agir persuasivamente, como escrever e-mails para as seguintes situações hipotéticas:

a) persuadir uma amiga, que quer fazer uma viagem internacional nas férias de que, em vez de comprar mais roupas, economize para comprar a passagem;

b) persuadir o prefeito da cidade a manter limpo o principal parque da sua cidade;

c) persuadir uma tia querida a fazer-lhe uma visita;

d) persuadir uma mercearia de bairro a baixar os seus preços.

É importante, para a realização desses exercícios, que o aluno faça uma espécie de levantamento dos possíveis valores de seus destinatários e que procure explorá-los com ética e gentileza no curso da argumentação persuasiva.

Capítulo 20

Sintaxe como eixo da textualidade
Concordância com o verbo ser

1. O verbo e a lei da economia

Uma das nossas principais características como seres humanos é a economia, também conhecida como "lei do menor esforço". Em função disso é que criamos coisas como o controle remoto da televisão, os vidros elétricos dos carros e o forno de micro-ondas. Quando fazemos uso da linguagem, agimos de forma igual ao procurarmos constantemente abreviar as palavras mais usadas. Em vez de *telefone celular*, dizemos simplesmente *celular*; em vez de *fotografia*, *foto*; em vez de *motocicleta*, *moto*. É dessa maneira que surgem, também, os apelidos que damos às pessoas. Afinal, é mais fácil chamar nossa amiga Luciana de Lu e nossa amiga Celina de Celi, abreviando seus nomes.

Em sintaxe, essa tendência ao menor esforço é responsável pela omissão daquilo que já foi dito ou escrito. Em vez de dizer, por exemplo, "Minha mãe comprou duas toalhas de mesa azuis e eu comprei uma toalha de mesa branca", dizemos: "Minha mãe comprou duas toalhas de mesa azuis e eu, uma branca".

A omissão de *comprar* e de *toalha de mesa*, na segunda oração, não prejudica o entendimento.

Quando aplicado ao sujeito de uma oração, isso nos leva às vezes a pensar que estamos "errando a concordância". Veja o seguinte texto, a título de exemplo:

> Cozinhe as batatas por alguns minutos. Quinze minutos em fogo alto é suficiente.

À primeira vista, parece haver um problema de concordância nominal e verbal. Afinal, se o sujeito é *quinze minutos* (plural), o certo deveria, obrigatoriamente, ser *são suficientes*, não é? Não. O fato de o predicado ser *é suficiente* é um indicador de que o que está sendo afetado por ele não é o tempo (quinze minutos), mas o evento de cozinhar as batatas durante esse tempo. Dito de outra maneira, o texto original, sem omissão alguma, seria algo como: "Cozinhe as batatas por alguns minutos. [Cozinhar as batatas por quinze minutos em fogo alto] é suficiente."

Ou seja, o sujeito de *é suficiente* é uma oração (Cozinhar as batatas por quinze minutos em fogo alto) e a concordância acontece por meio da mesma regra geral que autoriza essa concordância em frases complexas em que o sujeito também é uma oração, como em:

[Elas comprarem roupas novas] é ótimo.

O mesmo acontece em construções muito usadas em português e perfeitamente corretas, como:

1. Uma cerveja seria ótimo.
2. Uma aspirina seria bom.
3. Dez cópias é suficiente.

Em todas elas, há omissão de parte de uma oração que funciona como sujeito (oração chamada de subjetiva). Se as frases estivessem completas, assumiriam formas como:

1. [Tomar uma cerveja] seria ótimo.
2. [Tomar uma aspirina] seria bom.
3. [Tirar / fazer dez cópias] é suficiente.

Por economia, uma vez que o contexto é suficiente, as pessoas costumam deixar visível apenas uma parte dessas frases (o objeto direto, no caso: uma cerveja, uma aspirina, dez cópias). O predicado com o verbo *ser* no singular e os predicativos no masculino singular (ótimo, bom, suficiente) indicam que o que é afetado por eles não são coisas (cerveja, aspirina, cópias), mas eventos (tomar cerveja, tomar aspirina, ter fé, tirar / fazer cópias). A última frase poderia também ter uma concordância lexical – *Dez cópias são suficientes* –, caso em que a predicação teria como referência não o evento em si, mas o resultado dele, ou seja, as cópias feitas.

2. A concordância com o verbo ser em orações equativas

Orações equativas são orações de predicado nominal em que tanto o sujeito quanto o predicativo são substantivos. Exemplos:

1. O problema são as reservas em moeda estrangeira.
2. Essas crianças são um choro só.
3. Meu escritório são duas cadeiras e uma mesa.

Em uma oração de predicado nominal comum, também chamado de "predicado nominal prototípico", o adjetivo predicativo concorda com o sujeito, e o verbo *ser* acompanha essa concordância, alinhando-se com o sujeito, como em:

As meninas são lindas.

Examinando a oração "O problema são as reservas em moeda estrangeira", constatamos que não existe concordância nominal entre predicativo e sujeito.

Afinal, *reservas* está no feminino plural e *problema*, no masculino singular. O mesmo acontece nestas duas outras orações:

Essas crianças são um choro só.

choro = masculino, singular
crianças = feminino, plural

Meu escritório são duas cadeiras e uma mesa.

cadeiras = feminino, plural
escritório = masculino, singular

Uma primeira conclusão seria dizer que, nas orações equativas, não há necessidade de concordar o predicativo com o sujeito. Mas os exemplos abaixo contradizem essa afirmação:

1. Minhas irmãs são professor. (?)
2. Meu pai é médica. (?)

Sabemos que essas orações devem ser ditas e escritas como:

1. Minhas irmãs são professoras.
2. Meu pai é médico.

Como resolver, então, o problema das orações do início deste capítulo? A resposta está em um princípio chamado "iconicidade".

3. Explicando iconicidade

Iconicidade é um princípio cognitivo que nos induz a procurar sempre representar o mundo, por meio da linguagem, levando em conta a maneira como o vemos e sentimos. Exemplificando: a maioria das gramáticas do português recomenda, para os substantivos *soprano* e *contralto*, o gênero masculino. Segundo essa lição, deveríamos escrever sempre assim:

> Na última apresentação da Tosca, no Teatro Municipal, o soprano Maria da Silva cantou melhor que o contralto Vera da Silva.

Mas, na prática, não é o que acontece. Como as palavras *soprano* e *contralto* designam vozes femininas, é muito mais comum encontrar esses substantivos no gênero feminino, como em:

> *No primeiro elenco, hoje, sexta e domingo, os destaques são para a soprano Edna D'Oliveira (Ceci), o tenor Marcello Vannucci (Peri) e os barítonos Inácio de Nonno (Gonzales) e Lício Bruno (Cacique).*[38]

Outro exemplo de iconicidade acontece quando nos dirigimos respeitosamente a uma autoridade do sexo masculino, dizendo:

> Vossa Excelência, senhor embaixador, será homenageado amanhã.

Como se vê, embora o pronome de tratamento *Vossa Excelência* pertença ao gênero feminino, o particípio *homenageado* concorda com o sexo do interlocutor. É o que as gramáticas chamam de "silepse de gênero".

---

[38] NATALI, João Batista. 'O Guarani' estreia hoje no São Pedro com cenários minimalistas. *Folha de S. Paulo*, São Paulo, 26 out. 2011, caderno Acontece. Disponível em http://www1.folha.uol.com.br/fsp/acontece/ac2610201103.htm. Acesso em: 26/12/2011.

Um outro exemplo de iconicidade é o fato de, numa receita culinária, deixarmos alguns ingredientes no plural e outros no singular. Exemplo:

Bolo de frutas: ingredientes

100 gramas de uvas-passas
100 gramas de mamão

Como de (uma) uva-passa não podemos ter 100 gramas, pomos essa palavra no plural. Como de (um) mamão podemos ter 100 gramas, deixamos essa palavra no singular. De fato, ficaria muito esquisito dizer 100 gramas de uva-passa e 100 gramas de mamões.

4. Voltando às orações equativas

A partir da constatação da influência da iconicidade na linguagem, podemos dizer que, em uma oração equativa, não existe concordância formal entre predicativo e sujeito. Existe apenas concordância ou ajuste semântico por iconicidade.

Retomando exemplos dados mais acima, a ideia de identificar *problema* com *reservas em moeda estrangeira* e *crianças* com *um choro só* é perfeitamentente aceitável como representação possível de uma percepção icônica da realidade. O mesmo acontece com *uma sala* em relação a *duas cadeiras e uma mesa*. Isso não acontece, contudo, quando confrontamos *minhas irmãs* e *professor* e *meu pai* e *médico*. Por isso, fazemos um ajuste também por iconicidade e dizemos: *Minhas irmãs são professoras* e *meu pai é médico*.

Mas, e como fica a concordância do verbo ser? No caso das orações equativas, ela pode se dar tanto com o substantivo anterior quanto com o que vem depois, como vemos em:

O problema são as reservas em moeda estrangeira.
"O rebanho é os meus pensamentos."

(Fernando Pessoa)

Na maioria das vezes, porém, a concordância é feita com o termo que está no plural. Isso se explica pelo fato de que o plural é uma forma marcada em português, tal como o feminino, ao contrário do singular e do masculino, que são formas não marcadas. Quando dizemos que "o gato é um animal doméstico", o gênero masculino e o número singular não são marcados para esse gênero e esse número, especificamente. A referência serve não apenas para um único gato macho, mas para todos os gatos e gatas do planeta. Já quando dizemos que "as gatas estavam prenhes", a referência é marcada, especificamente, para vários animais, todos do sexo feminino.

Vale dizer, também, que o termo escolhido para a concordância deve ser considerado sujeito da oração. Em "O problema são as reservas em moeda estrangeira", o sujeito é "as reservas em moeda estrangeira" e o predicativo, "o problema". Em "Essas crianças são um choro só", o sujeito é "essas crianças". Afinal, o sujeito é, por definição, o termo da oração com o qual o verbo concorda.

5. Concordância sobre horas

Um tipo especial de oração equativa é a que envolve perguntas e respostas sobre horas. Quando alguém pergunta "– Que horas são?", e outro responde "– São duas horas", temos aí orações com sujeitos ocultos ou elípticos.

Para entender melhor esse tipo de oração, suponhamos, a título de comparação, que alguém veja um vaso cair no chão. Olha, então, para o chão e exclama: "– Quebrou!" É claro que o sujeito dessa oração, oculto, tem como referência o próprio vaso, no chão, em pedaços. Tanto isso é verdade que, se forem dois vasos a cair, a exclamação seria "– Quebraram!" O verbo *quebrar* concorda, nesse caso, com o sujeito oculto *vasos*, que tem referência dêitica no próprio contexto da fala. Trata-se de algo parecido com o que acontece quando uma pessoa aponta um objeto e pergunta a outra: "– Isso é seu?" Embora o pronome *isso* esteja lexicalmente dentro da oração, sua referência também é dêitica, ou seja, está no ambiente em que se acham os interlocutores.

Trazendo esse raciocínio para as orações que envolvem perguntas e respostas sobre horas, podemos dizer que se trata, aí também, de sujeitos que têm referência no contexto da fala. As horas que são assunto dessas frases são aquelas presentes no momento em que os falantes se encontram. É como se disséssemos:

1. Que horas são [essas horas]?
2. [Essas horas] são duas horas.

Em alguns casos, costumamos mesmo dizer coisas como:

1. Que horas são essas?
2. Isso são horas?

Configurando orações equativas perfeitas, os sujeitos estão lexicalmente representados como essas (horas) e isso. No inglês, que é uma língua em que o sujeito tem de estar sempre presente lexicalmente na frase, o sujeito dessas orações é, obrigatoriamente, representado lexicalmente pelo pronome *it*:

1. – What time is it?
2. – It is two o'clock.

Concluindo, podemos dizer que, em "– Que horas são?" e em "– São duas horas", temos também um sujeito não lexical, oculto, de referência dêitica, com o qual o verbo concorda. No caso de uma resposta como "– É uma hora", o sujeito, também oculto, tem como referência dêitica apenas uma única unidade de hora.

A maneira correta de escrever as horas abreviadamente, segundo a Associação Brasileira de Normas Técnicas (ABNT), pode ser exemplificada da seguinte forma:

Oito horas	8h
Oito horas e trinta minutos	8h30min
Dez horas	10h
Vinte e duas horas e quarenta minutos	22h40min

A abreviatura *min* pode ser dispensada, pois é depreendida pelo contexto. Dessa maneira, costumamos escrever, normalmente: 8h30, 22h40.

Capítulo 21

Sintaxe como eixo da textualidade
Colocação dos pronomes átonos

Os pronomes pessoais oblíquos átonos em português são os seguintes:

me, te, se, nos, vos
o, a, os, as, lhe, lhes

Variantes:

lo, la, los, las, no, na, nos e nas.

Dizer que um pronome é átono significa dizer que ele não tem acento tônico e que se apoia em outra palavra, normalmente um verbo, formando com ele um vocábulo fonético. Se você ler em voz alta uma frase como "Uma ONG me deu uma medalha de honra ao mérito", vai perceber que o pronome *me* se apoia foneticamente em *deu*, formando com ele uma unidade única, o tal vocábulo fonético. Os pronomes átonos incluem-se entre os elementos clíticos da língua, palavra vinculada ao radical grego *klítos*, que, juntamente com *klínos*, significa inclinação. Daí, a extensão da metáfora de *inclinar-se* para *apoiar-se*.

Ênclise e próclise

Segundo sua posição em relação ao verbo, os pronomes átonos são chamados de "enclíticos", quando vêm depois do verbo, e "proclíticos", quando vêm antes dele.

Pronome átono enclítico → deu-me.
Pronome átono proclítico → me deu.

Na tradição portuguesa e brasileira, a colocação mais comum é a enclítica.

1. Nessa ocasião vendera-se outra propriedade dos Maias, a Tojeira.[39]
2. E, ao lado, achava-se o fumoir, a sala mais cômoda do Ramalhete.[40]
3. Um homem consola-se mais ou menos das pessoas que perde; mas falto eu mesmo, e esta lacuna é tudo.[41]
4. Não gostava de bronze, mas o amigo Palha disse-lhe que era matéria de preço, e assim se explica este par de figuras que aqui está na sala, um Mefistófeles e um Fausto.[42]

No português do Brasil atual, embora a ênclise continue majoritária, existe a tendência de ampliar o uso da próclise. Nossa principal dificuldade, aqui no Brasil, é saber quando temos que usar a próclise obrigatoriamente.

Situações em que a próclise é obrigatória

1. Em orações subordinadas desenvolvidas (com conjunção):

Reconheci um rapaz [que me seguia de perto].

---

[39] QUEIRÓS, Eça de. *Os Maias*. Pará de Minas: VirtualBooks, s/d, p. 4. Disponível (para baixar) em: http://virtualbooks.terra.com.br/freebook/port/os_maias.htm. Acesso em 26 dez. 2011.
[40] *Ibidem*, p. 6.
[41] ASSIS, Machado de. *Dom Casmurro*. Rio de Janeiro: Nova Aguilar, 1977, p. 810. (*Obra Completa*, v. 1.)
[42] *Idem*, *Quincas Borba*. Rio de Janeiro: Nova Aguilar, 1997, p. 643. (*Obra Completa*, v. 1.)

A próclise é obrigatória mesmo que a conjunção esteja elíptica, como em:

Solicitamos a V. Exa. [nos envie duas vias da minuta do contrato].
Ele arrumou emprego [quando se formou].
[Embora ele se arrependa do que fez], ainda deverá prestar serviços à comunidade.

2. Em construções negativas:

Não se preocupe com as férias, neste momento.
O raro nunca se perde.
Nada se perde, tudo se transforma.

3. Em construções com pronomes indefinidos e demonstrativos:

Aquilo me deixou dúvidas.
Isso se explica facilmente.

4. Em construções com a palavra "ambos":

Ambos o estávamos procurando hoje cedo.

5. Em orações interrogativas e exclamativas:

Quem me ligou hoje cedo?
Que se danem os dois!

6. Depois de advérbio, quando não há pausa entre ele e o pronome átono:

Depois se encontraram mais duas vezes.

Quando houver pausa entre o advérbio e o pronome átono, o pronome vem depois do verbo:

Dois dias depois, encontrei-a numa festa.

Observações:

a) Mesmo que existam outras palavras entre a palavra que dá origem à próclise obrigatória e o pronome, a próclise continua sendo obrigatória. Exemplo:

1. Conheci um rapaz que, todos os dias, me seguia de perto.
2. Nunca, apesar das circunstâncias, se esqueça das minhas lições.

b) Quando o verbo estiver no infinitivo, mesmo que haja motivo de próclise obrigatória, o pronome átono pode posicionar-se encliticamente em relação ao infinitivo:

1. Quase anônima sorris
E o sol doura teu cabelo.
Por que é que, pra ser feliz,
É preciso não sabê-lo?[43]
2. Ela se escondeu para não ver-me.

c) Em tempos mais antigos, em situação de próclise obrigatória, o pronome átono chegava a antepor-se à palavra negativa que exigia próclise. Essa colocação recebe o nome de *apossínclise*. Exemplo:

– *Não tenho de que me arrepender, disse ele; e prefiro que me não perdoe. A senhora ficará cá dentro, quer queira, quer não; podia mentir, mas que é que rende a mentira?*[44]

---

[43] PESSOA, Fernando. *Poesias coligidas inéditas*. In: *Obra poética*. 3ª ed. Rio de Janeiro: José Aguilar, 1969, p. 560.
[44] ASSIS, Machado de. *Op. cit.*, p. 730.

Colocação de pronomes em relação aos tempos do futuro

Os pronomes átonos não se posicionam encliticamente nem ao futuro do presente, nem ao futuro do pretérito. Às vezes, na linguagem escrita, podem ser colocados "no meio do verbo", como em:

1. As eleições serão adiadas. Essa decisão *tornar--se-á* importante.
2. Dentro da mata, eles *perder-se-iam* antes do final da tarde.

Essa colocação, conhecida como *mesóclise*, é possível em português por causa da formação histórica desses dois tempos. Em sua origem, tratava-se, na verdade, de uma locução verbal em que o verbo principal vinha antes e, depois dele, o verbo *haver*:

amar + hei	amar + hia (por haveria)
amar + hás	amar + hias (por haverias)
amar + há	amar + hia (por haveria)

Com a evolução da língua, o verbo *haver* passou a ser entendido apenas como desinência de futuro (fenômeno chamado de gramaticalização) e a letra *h* desapareceu da escrita. O fato de podermos usar a mesóclise é, pois, apenas um vestígio da história da formação desses dois tempos verbais.

Colocação de pronomes em locuções verbais

Nas locuções verbais, o verbo principal pode assumir as formas do infinitivo, gerúndio ou particípio.

Infinitivo →	Maria quer sair.
Gerúndio →	Maria estava saindo.
Particípio →	Maria tinha viajado.

Em princípio, no português atual do Brasil, um pronome átono pode ocupar posição antes do verbo auxiliar, depois dele ou depois do verbo principal. Não pode vir, entretanto, depois do particípio. Exemplos:

Infinitivo

Maria pretende casar-se em maio.
Maria se pretende casar em maio.
Maria pretende se casar em maio.

Gerúndio

Maria estava penteando-se.
Maria estava se penteando.
Maria se estava penteando.

Particípio

Maria tinha se penteado.
Maria se tinha penteado.

Quando houver motivo de próclise obrigatória, o pronome átono fica proclítico ou enclítico em relação à locução verbal como um todo, com exceção da ênclise ao particípio, que, como dissemos, não existe em português:

Infinitivo

Maria não se pretende casar em maio.
Maria não pretende casar-se em maio.

Gerúndio

Maria não se estava penteando.
Maria não estava penteando-se.

Particípio

Maria não se tinha penteado.

Como eu ensino

O professor poderá analisar a colocação dos pronomes átonos em pequenos textos da mídia ou em textos literários distribuídos aos alunos. Poderá, também, aplicar exercícios como o que segue:

Exercício

Coloque o pronome átono nas frases abaixo:

1. Quando a gente _____ machuca _____, todos prestam atenção. (se)
2. O inconsciente _____ organiza _____ de maneira aleatória. (se)
3. Ela _____ pediu _____ conselhos sobre aplicações financeiras. (me)
4. Se você _____ der _____ várias tarefas, não _____ preocupe _____ em definir as prioridades. (me – se)
5. Deixamos que as coisas ____ gastassem ____ e, de tanto _____ evitar_____, agora sabemos que ficou tarde. (se – as)
6. Ambos _____ aproximaram _____ da mesa de controle. (se)

7. Em tempos antigos, os meninos passavam à vida adulta quando, pelo menos,____conseguiam____vestir____sozinhos. (se)
8. A legislação de trânsito____modernizou____, mas é preciso mais. (se)
9. No final das contas, o Congresso____comporta____bovinamente. (se)
10. Nem sempre ____explica____facilmente a origem das metáforas negativas. (se)

Solução

1. Quando a gente *se* machuca, todos prestam atenção. (se)
2. O inconsciente *se* organiza (ou organiza-*se*) de maneira aleatória. (se)
3. Ela *me* pediu (ou pediu-*me*) conselhos sobre aplicações financeiras. (me)
4. Se você *me* der várias tarefas, não *se* preocupe em definir as prioridades. (me – se)
5. Deixamos que as coisas *se* gastassem e, de tanto *as* evitar (ou evitá-*las*), agora sabemos que ficou tarde. (se – as)
6. Ambos *se* aproximaram da mesa de controle. (se)
7. Em tempos antigos, os meninos passavam à vida adulta quando, pelo menos, *se* conseguiam vestir (ou conseguiam vestir-*se*) sozinhos. (se)
8. A legislação de trânsito *se* modernizou (ou modernizou-*se*), mas é preciso mais. (se)
9. No final das contas, o Congresso *se* comporta (ou comporta-*se*) bovinamente. (se)
10. Nem sempre *se* explica facilmente a origem das metáforas negativas. (se)

Capítulo 22

Marcadores de atenuação

Sempre que entramos em contato com alguém, ou escrevemos um texto para um determinado público, é extremamente importante manter um bom relacionamento. Tanto para preservar nossa face quanto para preservar a face do outro. Principalmente nas chamadas "situações de ajuste", quando temos de fazer uma reclamação, criticar alguém ou responder a uma crítica. Para isso, a língua possui os chamados "marcadores de atenuação". Um dos mais importantes é o uso dos tempos do passado (futuro do pretérito e imperfeito) em situações como as que vimos no capítulo anterior.

Entrar em uma loja e dizer "– *Quero* ver aquela blusa da vitrine" soa quase como uma imposição. Mas, se você disser "– *Gostaria* de ver aquela blusa da vitrine", seu pedido será atenuado e você demonstrará ser mais educado(a).

Neste capítulo, vamos estudar um pouco outros marcadores de atenuação.

Marcadores de distanciamento

Usamos um marcador de distanciamento quando, em vez de assumir pessoalmente uma posição, a atribuímos de maneira geral a uma instituição ou, simplesmente, usamos a voz passiva, eliminando o agente.

Quando alguém pergunta a você, no seu ambiente de trabalho, se pode fumar, em vez de dizer simplesmente "Não pode", você diz "As normas da empresa não permitem fumar aqui". Mas pode dizer também: "Desde o ano passado, o fumo foi proibido dentro da empresa". Fazendo isso, você explicita a interdição, mas protege a sua face.

O ex-juiz de futebol Arnaldo César Coelho, como comentarista da TV Globo, quando indagado sobre alguma atitude tomada por um árbitro em uma partida de futebol – uma falta por trás cometida por um jogador da defesa, por exemplo –, costuma usar um marcador de distanciamento quando diz: "A regra é clara: falta por trás é cartão vermelho!"

Prefácios atenuadores

Prefácios atenuadores são "introduções" que têm o objetivo de atenuar críticas ou proibições. Em vez de dizer a alguém algo como "– Você fez tudo errado. Conserte!", usando um prefácio atenuador, você diria: "– Pessoalmente, eu não condeno absolutamente a maneira como você fez isso, mas sugiro que tente fazer de outro modo".

Em 2008, o médico paulista Miguel Srougi publicou no jornal *Folha de S. Paulo* um artigo em que, de maneira sutil, defendia a flexibilização das leis contra o aborto. Dada a natureza polêmica do assunto, ele inicia seu texto com um longo prefácio atenuador:

Mulheres e os direitos à existência

Há um ano, neste espaço e nesta data, decidi homenagear as mulheres. Na ocasião, procurei mostrar que elas têm um papel insubstituível na superação da miséria e na construção de sociedades mais justas. Terminei dirigindo um olhar de gratidão a todas as mulheres e a minha mãe Ivone. Hoje, volto a falar delas, mas, diferentemente da outra vez, quero homenagear todas as Ivones do mundo neste início de texto — temo que, no final, minhas aflições me impeçam de fazê-lo com ternura.

Fiquei desconcertado com as novas leituras. Segundo a OMS, são realizados a cada ano cerca de 50 milhões de abortos no mundo, 19 milhões dos quais de forma clandestina e insegura. No Brasil, de acordo com dados do IPAS e da UERJ, são efetuados cerca de 1,1 milhão de abortos anualmente, 75 por cento deles induzidos voluntariamente e executados de maneira insegura.[45]

Expressões de defesa

Empregamos expressões de defesa quando manifestamos nossa opinião a respeito de alguma coisa, acrescentando algo como: digamos, talvez, quem sabe, quando possível, numa certa medida, em termos gerais etc. Exemplos:

1. Embora tenha agido com severidade, seu pai quer apenas o seu bem, *digamos assim*.
2. *Numa certa medida*, o Estado é responsável pelo emprego dos cidadãos do seu país.
3. *Talvez* seja melhor você começar a fazer exercícios físicos.

Modalizadores

Os modalizadores são constituídos principalmente por:

a) auxiliares modais: dever, poder, querer, precisar etc.

---

[45] SROUGI, Miguel. Mulheres e os direitos à existência. *Folha de S. Paulo*, 11 maio 2008, caderno Opinião. Disponível em: http://www1.folha.uol.com.br/fsp/opiniao/fz1105200808.htm. Acesso em: 27 dez. 2011.

b) predicados cristalizados: é certo, é preciso, é necessário, é provável etc.
c) adjetivos modalizadores: possível, provável, suposto etc.
d) advérbios modalizadores: provavelmente, certamente, necessariamente, possivelmente etc.
e) verbos de "atitude proposicional": eu acredito, eu acho, eu sei, eu duvido etc.

Em resposta a uma crítica de alunos a um professor que esteja atrasado na entrega das provas, o coordenador do curso poderá dizer coisas como:

1. Ele *deve* estar com excesso de trabalho este mês.
2. *É provável* que ele esteja com excesso de trabalho este mês.
3. Um *possível* excesso de trabalho deve ter atrasado a entrega das notas.
4. *Provavelmente*, ele está com excesso de trabalho este mês.
5. Eu *acredito* que ele esteja com excesso de trabalho este mês.

Na imprensa, diariamente, vemos o emprego desses modalizadores quando um jornalista fala, por exemplo, no "suposto fraudador das licitações", no "possível atraso das restituições de imposto". Veja este trecho a respeito de um *recall* feito pela fábrica de automóveis Toyota:

> *A agência de segurança em transporte nos EUA abriu investigação sobre* possível *defeito na direção assistida (sistema que reduz o esforço ao manobrar) do modelo Corolla, da Toyota, segundo divulgaram agências de notícias ontem à noite, citando uma fonte do governo.*

Mais cedo, a companhia japonesa havia revelado que já apurava possível defeito *e prometeu reparar os veículos se forem constatadas falhas.* [46]

A intenção do jornalista, empregando duas vezes o adjetivo *possível* em relação à palavra *defeito*, foi a de não se comprometer com a imputação de defeito ao carro da Toyota.

Como eu ensino

Depois de tratado esse assumo em sala de aula, o professor poderá pedir aos alunos que redijam cartas polidas, como, por exemplo:

a) a uma agência de viagem, reclamando das condições da viagem e hospedagem;

b) a uma empresa de telefonia, reclamando do aumento das tarifas;

c) a uma autoridade governamental, sugerindo o aumento de vagas nas universidades federais.

---

[46] DEFEITO na direção do Toyota Corolla é alvo de investigações. *Folha de S. Paulo*, São Paulo, 18 fev. 2010, caderno Mercado. Disponível em: http://www1.folha.uol.com.br/fsp/dinheiro/fi1802201023.htm. Acesso em: 27 dez. 2011.

Capítulo 23

Sintaxe como eixo da textualidade
Período composto: coordenação e subordinação

Uma oração, como vimos em capítulos anteriores, é construída sempre em torno de um predicador, que tanto pode ser um verbo quanto um adjetivo. Este predicador seleciona sempre alguns argumentos (no máximo três), como em:

> Dar [agente, objeto afetado, dativo]

Preenchendo esses argumentos, teremos: Dar [Rodrigo (agente), um perfume (objeto afetado), para a namorada (dativo)]. Construindo uma oração com esse predicador e esses argumentos, teremos: "Rodrigo deu um perfume à namorada", em que *Rodrigo* assume a função de sujeito, *um perfume*, de objeto direto, e *à namorada*, de objeto indireto.

Podemos acrescentar a uma predicação argumentos não essenciais, chamados satélites, que vão assumir funções sintáticas de adjuntos adverbiais como em:

> Rodrigo deu um perfume à namorada, ontem, durante uma festa.

Temos aí um adjunto adverbial de tempo (*ontem*) e um adjunto adverbial de lugar (*durante uma festa*).

Muitas vezes, tanto argumentos quanto satélites podem expandir-se em outras predicações, produzindo orações complexas como:

> Eu *vi* [que *era tarde*] [quando *consultei* o relógio].

[que *era tarde*] = argumento com função de objeto direto
[quando *consultei* o relógio] = satélite com função de adjunto adverbial de tempo

Orações complexas são, pois, aquelas que se desdobram em duas ou mais orações. Às vezes, duas predicações aparecem justapostas, como em:

Rodrigo comprou um perfume e deu-o à namorada.

Quando, em uma oração, argumentos e satélites se expandem produzindo uma oração complexa, temos subordinação, ou período composto por subordinação. Quando orações se justapõem, temos coordenação, ou período composto por coordenação. É mais comum, contudo, termos períodos mistos, ou compostos ao mesmo tempo por coordenação e subordinação. Exemplo:

Rodrigo comprou um perfume, quando foi ao shopping, e deu-o à namorada.

Nesse caso, temos três orações:

- Rodrigo comprou um perfume
- quando foi ao shopping
- e deu-o à namorada

Em um processo de coordenação, a primeira oração coordenada é chamada de "coordenada inicial", e a segunda, simplesmente de "coordenada" (veremos, à frente, a classificação das orações coordenadas). Em um processo de subordinação, a oração base de que se expandem as subordinadas recebe o nome de "oração principal", e as expandidas, o nome de "subordinadas" (veremos, também mais à frente, a classificação de orações subordinadas).

Aplicando esse esquema hierárquico ao exemplo anterior, teremos:

- Rodrigo comprou um perfume = oração principal em relação à segunda oração e coordenada inicial em relação à terceira oração
- quando foi ao shopping = oração subordinada à anterior
- e deu-o à namorada = oração coordenada à primeira oração

Classificação das orações coordenadas

1. Aditivas

É a oração que aparece apenas em sequência a uma oração anterior, como:

1. Meu pai montava a cavalo, ia para o campo.
2. Eu vejo o jogo na televisão e acompanho a classificação dos times no jornal.

No primeiro caso, a oração coordenada é chamada assindética, que quer dizer *sem conjunção* (do grego *a* = sem + *syndetos* = conjunção). No segundo caso, por causa da conjunção *e*, é chamada de sindética, que quer dizer *com conjunção*.

Além da conjunção *e*, uma oração coordenada aditiva pode ser introduzida pela conjunção *nem* e pelas locuções *não só... mas (também), tanto... como, tanto quanto* e outras semelhantes. Exemplos:

1. Rodrigo não queria sair [*nem* falar com ninguém].
2. O cliente insatisfeito *não só* deixa de comprar novamente o produto, *como também* fala mal da loja a seus amigos.

Algumas vezes, diz-se que a conjunção *e* assume outros valores, como em frases como:
1. Fulano diz que é rico [*e* nunca tem dinheiro no bolso].
2. Fernanda estudou [*e* não passou no exame].
3. Empreste dinheiro [*e* perca o amigo].

As orações coordenadas das duas primeiras orações complexas têm um sentido de oposição, nitidamente contrário às suas anteriores. A oração inicial do terceiro exemplo pode ser também interpretada como uma condição (Se você emprestar dinheiro, perderá o amigo).

Essas interpretações têm caráter pragmático e não sintático. A opção do falante em utilizar a conjunção *e* em vez de *mas* funciona como um marcador de atenuação, como os que vimos no capítulo 24. Se o falante diz "Fernanda estudou *mas* não passou no exame", isso pode soar como uma dura crítica. Se disser, porém, que ela estudou *e* não passou, a crítica fica atenuada ou desaparece.

2. Adversativas

A oração adversativa exprime oposição, contradizendo uma expectativa criada pela oração anterior. É introduzida pelas conjunções *mas, porém, todavia, contudo, entretanto*. Incluem-se, também, locuções conjuntivas como *no entanto, não obstante*. Exemplos:

1. Ele fez muitas viagens, [*mas* não aprendeu nada].
2. A crise passou, [*porém* ainda há desemprego].
3. Ganhar uma copa do mundo é difícil, [*entretanto*, nossa seleção está confiante].

A conjunção *mas* é a única que tem posição fixa. As demais podem ser utilizadas praticamente em qualquer posição da oração coordenada:

1. Ganhar uma copa do mundo é difícil, [a nossa seleção, *entretanto*, está confiante].
2. Ganhar uma copa do mundo é difícil, [a nossa seleção está, *entretanto*, confiante].
3. Ganhar uma copa do mundo é difícil, [a nossa seleção está confiante, *entretanto*].

Isso se deve ao fato de que, à exceção de *mas*, todas as outras conjunções e locuções conjuntivas eram, antigamente, advérbios de reforço, empregados juntamente com o próprio *mas*. Dizia-se, por exemplo:

Ele fez muitas viagens, [*mas porém,* / *contudo* / *entretanto* não aprendeu nada].

Por contiguidade sintática, o sentido de *mas* foi integrado a esses advérbios, que assumiram, assim, o significado de *mas*. Apesar disso, mantiveram a liberdade sintática dos advérbios, o que permite posicioná-los em lugares diferentes da oração coordenada adversativa.

Às vezes, a coordenação adversativa tem o objetivo de criar uma determinada orientação argumentativa. Vejamos um exemplo disso em trecho de uma crônica de Luís Fernando Verissimo:

A atitude dos que simpatizam com Cuba se divide em duas maneiras de construir a mesma frase: ou "Cuba é um exemplo de independência e prioridades certas nas Américas, **mas** *ninguém pode negar que é uma ditadura repressiva" ou "está certo, é uma ditadura repressiva,* **mas** *ninguém pode negar que é um exemplo de independência etc.".*[47]

Na primeira versão, "Cuba é um exemplo de independência... mas é uma ditadura repressiva", a

---

[47] VERISSIMO, Luís Fernando. *Correio Popular*, Campinas, 20 abr. 2003, p. 3.

orientação argumentativa é a de que Cuba deve ser condenada. Na segunda, "está certo, é uma ditadura repressiva, mas ninguém pode negar que é um exemplo de independência etc.", a orientação é a de que Cuba deve ser absolvida.

Nos dias de hoje, há expressões como *mesmo assim*, *apesar disso*, que, por serem muitas vezes usadas como reforço em orações adversativas, estão passando a ser empregadas, também, como locuções conjuntivas adversativas, como em:

> Meu time contratou excelentes jogadores, *mas*, *mesmo assim* (ou *apesar disso*), não conseguiu uma boa colocação no campeonato.

Essa frase já pode ser dita ou escrita sem a conjunção *mas*:

> Meu time contratou excelentes jogadores, mesmo assim / apesar disso, não conseguiu uma boa colocação no campeonato.

Mesmo assim ou *apesar disso* assumem, então, a função adversativa.

3. Alternativas

A oração coordenada alternativa exprime um pensamento alternativo ao da anterior. As alternativas são introduzidas pelas conjunções: *ou ... ou, ora ... ora, seja ... seja, quer ... quer*. Exemplos:

1. *Ou* ele apoia o partido [*ou* abandona o partido].
2. Crê [*ou* morre]!
3. Os navios *ora* estão navegando, [*ora* estão atracados em cidades turísticas].

Dessas conjunções, a única que pode ser utilizada apenas na segunda oração é *ou*. As outras (na verdade, palavras de outras classes gramaticais adaptadas como conjunções) têm de ser utilizadas em duplas. Na análise dessas orações, é mais adequado dizer que não existe uma oração coordenada inicial. Ambas as orações são alternativas.

4. Conclusivas

A oração conclusiva exprime uma conclusão do pensamento da anterior. Essas orações são introduzidas pelas conjunções: *logo, assim, portanto, pois* (posposto ao verbo); ou pelas locuções conjuntivas: *de modo que, em vista disso, por conseguinte, por isso* etc. Exemplos:

1. Seu passaporte está vencido, [*logo* você não pode viajar].
2. Você conseguiu uma média alta, [*portanto* está classificado].
3. Ia prestar concurso; [estava, *pois*, muito ansioso].

5. Explicativas

As orações explicativas exprimem o motivo do pensamento contido na oração anterior. São introduzidas pelas conjunções *porque, porquanto, que, pois* (esta última anteposta ao verbo). Exemplos:

1. Vamos para a frente, [*que* atrás vem gente]!
2. Afaste-se, [*pois* pode haver confusão].
3. Fechei as janelas, [*porque* ia chover].

Como eu ensino

O professor poderá pedir aos alunos que construam orações coordenadas de vários tipos: aditivas, adversativas, conclusivas, alternativas e explicativas. Os alunos deverão variar as conjunções utilizadas e, no caso das adversativas, variar também a posição delas dentro da oração coordenada.

Capítulo 24

Sintaxe como eixo da textualidade
Estudo das orações subordinadas

Como vimos no capítulo anterior, os argumentos e satélites dos predicadores verbais podem expandir-se em outras predicações, ou seja, em outras orações. Vejamos alguns exemplos:

> Eu vi seu irmão.
> Eu vi [que seu irmão chegou].

> Eu quero um refrigerante.
> Eu quero [que você me compre um refrigerante].

> Eu sei a lição
> Eu sei [que você estudou a lição].

Nesses três casos, as orações colocadas entre colchetes estão, como vemos, no lugar de um argumento com função de objeto direto. Como o objeto direto é normalmente um substantivo, dizemos que tais orações são "orações substantivas".

Podemos ter, também, orações ligadas a substantivos que estejam no lugar de adjetivos, como em:

> Eu comprei um carro novo.
> Eu comprei um carro [que custou 60 mil reais].

Essas orações são chamadas, por isso, de "orações adjetivas". Outra possibilidade é termos orações que estejam no lugar de satélites com funções sintáticas de adjuntos adverbiais de causa, tempo, modo etc. Exemplos:

Causa
Eu dormi *por cansaço*.
Eu dormi, [*porque estava cansado*].
Tempo
Eu comprei um livro novo *ontem*.
Eu comprei um livro novo [*quando fui à livraria*].
Modo
Eu saí *rapidamente*.
Eu saí [*correndo* / ou *a correr*].

Essas orações são chamadas de "orações adverbiais" (de causa, de tempo, de modo etc.). Em situações de uso, costumamos construir períodos com vários tipos de oração ao mesmo tempo. Veja, por exemplo, o período a seguir:

Eu comprei um carro que custou 60 mil reais e que gasta pouco combustível, quando o meu antigo completou 130 mil quilômetros.

Temos aí as seguintes orações:

1. *Eu comprei um carro* (essa oração é chamada "oração principal")
2. ... *que custou 60 mil reais* (oração subordinada adjetiva em relação à palavra *carro* da oração principal)
3. ... *e que gasta pouco combustível* (oração subordinada adjetiva em relação à palavra *carro* da primeira oração, mas coordenada aditiva em relação à oração anterior.)
4. ... *quando o meu antigo completou 130 mil quilômetros* (oração subordinada adverbial temporal).

No próximo capítulo, veremos, pormenorizadamente, todos os tipos de orações subordinadas.

Orações subordinadas adjetivas

São apenas duas as orações subordinadas adjetivas: adjetivas restritivas e adjetivas explicativas. Orações adjetivas restritivas são as que atribuem uma qualidade restrita a uma parte do conjunto nomeado pelo substantivo que a precede. Exemplo:

> Os artistas [que são vaidosos] gastam muito dinheiro com roupas.

Veja que a qualidade de ser vaidoso se aplica apenas a uma parte restrita do conjunto dos artistas. Por isso, essa oração adjetiva é considerada restritiva. Vejamos agora o mesmo período, mas com a oração adjetiva separada por vírgulas:

> Os artistas, que são vaidosos, gastam muito dinheiro com roupas.

Essas vírgulas reproduzem, na escrita, pausas que fazemos quando falamos. Nesse último exemplo, a oração adjetiva fica separada do resto do período como um bloco prosódico próprio. Na fala, ficaria mais ou menos assim:

> /Os artistas / que são vaidosos / gastam muito dinheiro com roupas./

O resultado disso é que, agora, a qualidade de ser vaidoso se aplica a todos os artistas e não a uma subparte deles. Então, essa oração deixa de ser restritiva e passa a ser explicativa.

Outros valores assumidos pelas orações adjetivas explicativas

Muitas vezes, as orações explicativas são utilizadas de maneira aparentemente redundante. Suponhamos a seguinte frase:

> O homem, [que é racional], ainda faz guerras por todo o planeta.

O fato de o homem ser racional é uma obviedade. Por esse motivo, a oração explicativa é redundante, do ponto de vista informativo. Depreende-se, entretanto, uma intenção argumentativa do autor. É como se ele dissesse:

> O homem, [apesar de ser racional], ainda faz guerras por todo o planeta.

Em casos como esse, a oração explicativa assume um valor pragmático de concessão. Outro exemplo:

> O homem, [que é racional], destruirá, um dia, todas as armas nucleares.

Nesse caso, a oração adjetiva explicativa assume um valor pragmático de causa.

As orações adjetivas são introduzidas normalmente pelos pronomes relativos *que, qual, quem, cujo* e pelos advérbios *como, quanto* e *onde*, quando tiverem antecedente. Exemplos:

1. Há muita gente [*que* sofre o mal da solidão].
2. Houve duas festas no mês passado, [durante *as quais* foram sorteadas duas passagens para Paris].
3. Gostamos de presentear as pessoas [a *quem* amamos].

4. As Bachianas Brasileiras são de autoria de Villa--Lobos, [*cujo* centenário de nascimento foi celebrado em 2009].
5. A *maneira* [*como* você age] é educada.
6. Não existe coerência em *tudo* [*quanto* é dito por pessoas bêbadas].
7. O *local exato* [*onde* será construída a usina ainda não foi revelado].

Que ou qual?

É bastante comum, principalmente entre pessoas que não dominam bem a língua escrita, o uso exagerado do pronome relativo *qual* em trechos como:

> Em um consultório *o qual* se declara moderno, é preciso haver revistas *as quais* devem ser sempre atuais.

O emprego desse pronome não constitui erro gramatical, mas destoa bastante daquilo que é mais comum na norma culta do português do Brasil. Quando você lê um texto de boa qualidade, dificilmente topa com um desses pronomes. O mais comum é o uso do *que*, levando o texto acima a ser reescrito como:

> Em um consultório *que* se declara moderno, é preciso haver revistas *que* devem ser sempre atuais.

Duas perguntas decorrem dessa situação:

a) por que as pessoas iniciantes na arte da escrita abusam do pronome *qual*?
b) existem situações específicas em que se pode ou deve usar *qual*?

Respondendo à primeira questão, é possível observar que muita gente exagera no uso desse pronome para "ter certeza" de não errar a concordância. Vejamos uma frase como:

> O comandante dará *instruções* para a chegada *que deverão* ser seguidas à risca.

Para evitar escrever "O comandante dará instruções para a *chegada que deverá* ser seguida à risca", fazendo erradamente a concordância com *chegada*, o enunciador opta pelo pronome *qual*, que, por carregar o gênero e número de *instruções*, funciona como pista para a concordância correta. Escreve então:

> O comandante dará *instruções* para a chegada *as quais* deverão ser seguidas à risca.

Respondendo à segunda questão, pode-se dizer que há, sim, situações específicas para o uso do pronome *qual*. A primeira delas acontece quando o pronome relativo é precedido de uma preposição de mais de uma sílaba, como em:

> A reunião *durante a qual* foi discutida a questão durou uma hora.

Como as preposições de mais de uma sílaba são tônicas e o pronome *que* é átono, na combinação desses dois itens lexicais, *durante* "engole" foneticamente o *que*, tornando-o imperceptível ao ouvido, o que causa um ruído no entendimento. Tente ler em voz alta a frase:

> A reunião *durante que* foi discutida a questão durou uma hora. (?)

Percebeu como o pronome *que* some foneticamente?

O segundo motivo para o emprego do pronome *qual* é evitar ambiguidade. Vejamos o seguinte texto:

> O ator norte-americano Rock Hudson, amigo de Doris Day, que estreou no filme Fighter Squadron em 1948, fez seu último filme, The Ambassador, em 1984.

Da maneira como está escrito esse texto, não sabemos quem estreou no filme *Fighter Squadron*, se foi Rock Hudson ou Doris Day, uma vez que ambos podem ser os antecedentes do pronome relativo *que*. Mas, se substituirmos esse pronome por qual, a ambiguidade desaparecerá:

> O ator norte-americano Rock Hudson, amigo de Doris Day, o qual estreou no filme Fighter Squadron em 1948, fez seu último filme, The Ambassador, em 1984.

Sabemos, agora, que quem estreou em 1948, em *Fighter Squadron* foi Rock Hudson e não Doris Day.

Conclusão: o pronome *que* deve ser usado preferencialmente e *qual*, apenas nessas duas circunstâncias: depois de preposição de mais de uma sílaba ou em situações em que se procura evitar ambiguidade.

Orações subordinadas substantivas

Vimos que as orações substantivas se originam de expansões de argumentos das orações simples, como em:

> Eu vi [que você me telefonou ontem].
> Eu sei [que você vai viajar amanhã].

Como essas orações substituem um argumento (nos dois casos com função de objeto direto) que seria preenchido por um substantivo em uma oração simples (Eu vi [a mesa]; Eu sei [a lição]), elas são chamadas de "orações substantivas". Nesses dois casos, "orações substantivas objetivas diretas", pois têm ambas função de objeto direto.

Adaptações funcionais das orações subordinadas substantivas

Vamos ler, inicialmente, os seguintes trechos da literatura brasileira:

> *Vejamos o que dizia o cronista. Dizia que um atropelamento de cachorro na nossa porta, pelo fato de ser na nossa porta, teria mais apelo emocional do que Hiroshima.*[48]

> *Ora, direis, ouvir estrelas! Certo*
> *Perdeste o senso. E eu vos direi, no entanto,*
> *Que, para ouvi-las, muitas vezes desperto*
> *E abro as janelas pálido de espanto.*[49]

> *"Agora é que ele vai namorar deveras", disseram quando comecei as lições de equitação.*[50]

O primeiro texto é parte de uma famosa crônica escrita por Nelson Rodrigues em 1968. O segundo é a primeira estrofe do já citado poema "Via Láctea", em que Bilac tenta justificar suas conversas com estrelas. Dizem que o poeta perdia a compostura quando

---

[48] RODRIGUES, Nelson. *A cabra vadia*. Seleção de Ruy Castro. São Paulo: Companhia das Letras, 1995, p. 98.
[49] BILAC, Olavo. *Op. cit.*
[50] ASSIS, Machado de. *Dom Casmurro*. Rio de Janeiro: Nova Aguilar, 1997, p. 816. (*Obra Completa*, v. 1.)

lhe pediam, numa esquina carioca, que o recitasse. Finalmente, o terceiro é um trecho mínimo do *Dom Casmurro*, relatando que Bentinho, ainda criança, começara a aprender a andar a cavalo.

Mas o que esses três textos têm em comum? Em todos eles, o autor traz para dentro do seu texto a voz de outra pessoa, de outro enunciador, num processo chamado polifonia (do grego *poluphonia* = som de muitas vozes ou instrumentos). Para isso, lança mão dos chamados verbos *dicendi*, em bom português, verbos "de dizer". Simplificando os textos anteriores, teremos:

1. *Dizia* que um atropelamento de cachorro na nossa porta...
2. Ora, *direis*, ouvir estrelas, certo perdeste o senso...
3. "Agora é que ele vai namorar deveras" *disseram*...

Aquilo que os verbos *dicendi* introduzem – a voz do outro enunciador – vem "empacotado" numa oração que chamamos de "oração substantiva". Podemos concluir, portanto, que as orações substantivas foram adaptadas para introduzir, dentro de um texto que estamos produzindo, aquilo que outras pessoas disseram antes de nós ou que imaginamos que ainda vão dizer, no caso do exemplo de Olavo Bilac.

No primeiro exemplo, a oração substantiva vem introduzida pela conjunção *que*. Dizemos que se trata de uma oração desenvolvida. No segundo e no terceiro, não há conjunção. Dizemos que se trata de orações substantivas justapostas. É possível, ainda, a existência de uma terceira via: introduzir a oração substantiva por meio do infinitivo do verbo, como em:

"Ele disse [*ter* chegado cedo ao trabalho]".

As gramáticas dizem que esse tipo de oração se chama "oração reduzida de infinitivo".

O modo como essas orações substantivas são introduzidas depende do gênero do texto que estamos escrevendo (carta, relatório, romance etc.) e do tipo textual que estamos usando (narração, argumentação, descrição ou injunção). Num romance, quando temos diálogos diretos, a forma de introduzir a voz das personagens obedece quase sempre ao esquema da justaposição, como vemos no diálogo abaixo:

Uma fada invisível desceu ali, e me disse em voz igualmente macia e cálida:
[– Tu serás feliz, Bentinho; | tu vais ser feliz.]
[– E por que não seria feliz?] – perguntou José Dias, endireitando o tronco e fitando-me.
[– Você ouviu?] – perguntei eu erguendo-me também, espantado.[51]

Vejamos agora alguns trechos de um livro científico, *O mito da criatividade*:

Os gregos acreditavam [que todas as ideias vinham dos deuses"].[52]
Algumas pessoas acreditam [que a inteligência é fixa].[53]

Dweck descobriu, por exemplo, [que estudantes | que acreditam que a inteligência é fixa | acham [que o fracasso tem um significado claro]: mostra que eles são burros e faz com que eles se desvalorizem.[54]

---

[51] ASSIS, Machado de. *Op. cit.*, p. 906.
[52] ZUGMAN, Fábio. *O mito da criatividade:* desconstruindo verdades e mitos. Rio de Janeiro: Campus, 2007.
[53] *Ibidem*, p. 22.
[54] *Ibidem*, p. 23.

Observe que todas as orações substantivas são agora desenvolvidas:

... que todas as ideias vinham dos deuses
... que a inteligência é fixa
... que estudantes acham
... que o fracasso tem um significado claro...

Nesse tipo de texto, é comum, também, o uso de uma maneira indireta de introduzir a voz do outro enunciador: o uso de expressões como "segundo fulano", "a partir das ideias de sicrano", como no seguinte trecho:

Segundo Dweck, *uma das consequências de se acreditar na teoria da inteligência fixa é a seguinte...*[55]

Nesse caso, não temos uma oração substantiva do ponto de vista sintático, pois não há um verbo *dicendi*. Acontece o mesmo com orações introduzidas por palavras como *eis* ou *talvez*:

Eis [que ela apareceu, finalmente]!
Talvez [essa recusa não resolva o problema].

Como os verbos *dicendi* são transitivos diretos, as orações substantivas introduzidas por eles são, consequentemente, orações com função de objeto direto e, por isso, são chamadas de "orações substantivas objetivas diretas". Esquematizando:

Pasteur descobriu [que seres microscópicos podem causar doenças].

---

[55] *Ibidem*, p. 23.

Sujeito	Pasteur
Verbo transitivo direto	descobriu
Objeto direto (oração substantiva objetiva direta)	que seres microscópicos podem causar doenças

Se a oração que contém o verbo *dicendi* (chamada de "oração principal") estiver na voz passiva, a oração substantiva passa a ter a função de sujeito e, portanto, é chamada de "oração substantiva subjetiva". Na frase "Pasteur descobriu os micróbios", sabemos que *Pasteur* é o sujeito e *os micróbios*, o objeto direto. Mas, se a pusermos na voz passiva, teremos:

"Os micróbios foram descobertos por Pasteur".

Agora, *os micróbios* são sujeito e *Pasteur*, complemento agente da voz passiva. Fazendo essa mesma mudança na oração complexa anterior, teremos:

Foi descoberto por Pasteur que os micróbios podem causar doenças.

Temos, então:

Verbo transitivo direto na voz passiva	Foi descoberto
Complemento agente da voz passiva	por Pasteur
Sujeito (oração substantiva subjetiva)	que os micróbios podem causar doenças.

Verbos dicendi neutros e "comprometidos"

Os verbos *dicendi* podem ser neutros, como *dizer*, *falar* e *afirmar*, mas também há aqueles que criam matizes diferenciados para a fala do outro, como *supor, murmurar, advertir, enfatizar, ponderar* e *confidenciar*. Exemplos:

> *De 1544 a 1548, o nome do futuro governador do Brasil [Tomé de Sousa] some das crônicas.* O biógrafo Pedro de Azevedo supõe que ele estivesse *"administrando a fortuna que granjeara e gozando as delícias da vida conjugal"*.[56]
>
> *O avô tentou sorrir. Procurou por alguma coisa, tateando sob as cobertas. Por fim, achou o adorado medalhão com o brasão da família. "Isto é para você, Johannes"*, murmurou.[57]
>
> *O partido conservador espanhol PP* advertiu *ontem que a decisão do governo cubano de libertar 2.900 prisioneiros é bem-vinda, mas não será suficiente se não for acompanhada de avanços na transição democrática.*[58]
>
> *Em outras mensagens, Perri* ponderou *que o sistema de saúde norte-americano seria capaz de dar assistência aos brasileiros em caso de contaminação...*[59]
>
> *Patrícia, veterinária responsável por Vítor, me* confidenciou *que ele não é bem um pato, mas um marreco.*[60]

---

[56] BUENO, Eduardo, *op. cit.*, p. 56-57.
[57] GLEISER, Marcelo. *A harmonia do mundo*. Companhia das Letras, São Paulo, 2006, p. 102.
[58] ESPANHA diz que indulto em Cuba não é suficiente. *Folha de S. Paulo*, São Paulo, 25 dez. 2011, caderno Mundo. Disponível em: http://www1.folha.uol.com.br/fsp/mundo/16821-espanha-diz-que-indulto-em-cuba-nao-e-suficiente.shtml. Acesso em: 27 dez. 2011.
[59] ODILLA, Fernanda; VALENTE, Rubens. Em 2001, Brasil quis importar em sigilo remédio contra antraz. *Folha de S. Paulo*, São Paulo, 29 ago. 2011, caderno Mundo. Disponível em: http://www1.folha.uol.com.br/fsp/mundo/ft2908201105.htm. Acesso em: 27 dez. 2011.
[60] CASTRO, Ruy. De pato a marreca. *Folha de S. Paulo*, São Paulo, 27 ago. 2011, caderno Opinião. Disponível em: http://www1.folha.uol.com.br/fsp/opiniao/fz2708201105.htm. Acesso em: 27 dez. 2011.

O emprego desses verbos permite que o enunciador introduza a voz de uma outra pessoa em seu texto, incluindo a disposição de espírito dela no momento da fala. Mas pode ser também um recurso de manipulação, se utilizado de má-fé. Veja a diferença de efeitos de sentido em uma única citação, dependendo do verbo introdutor:

1. O presidente do Senado *disse* que a votação será secreta.
2. O presidente do Senado *confidenciou* que a votação será secreta.
3. O presidente do Senado *ponderou* que a votação será secreta.
4. O presidente do Senado *advertiu* que a votação será secreta.
5. O presidente do Senado *enfatizou* que a votação será secreta.

Incorporando a própria voz no próprio texto

Algumas vezes, o enunciador usa uma oração substantiva para introduzir aquilo que disse anteriormente ao texto que está produzindo, ou que pretende dizer num tempo futuro, como nos exemplos abaixo:

1. Outro dia, *comentei* [que a sucessão presidencial este ano estava chocha].
2. Eu *falei* [que não ia sair].
3. Se não der certo, *direi* [que o futebol é uma caixinha de surpresas.]
4. Eu *direi* [que você está de má vontade].

Outras vezes, o autor usa orações substantivas para introduzir sua própria voz no momento presente, dentro de um texto que está produzindo nesse mesmo momento, como em:

> O traço todo da vida é para muitos um desenho da criança esquecido pelo homem, e ao qual este terá sempre que se cingir sem o saber... Pela minha parte acredito [não ter nunca transposto o limite das minhas quatro ou cinco primeiras impressões...][61]

A oração substantiva que nos interessa, juntamente com a oração principal que a introduz, é a seguinte:

> *Acredito* [não ter transposto o limite das minhas quatro ou cinco primeiras impressões...]

Percebemos aí, nitidamente, a intenção do autor em atenuar a afirmação de não ter transposto o limite a que se refere. Conclusão: as orações substantivas foram também adaptadas para, por meio da predicação de uma oração principal, atenuar aquilo que nós próprios dizemos, evitando que sejamos autoritários ou que possamos gerar conflitos.

Formas de apresentação

Como vimos no início deste capítulo, orações substantivas podem ser introduzidas por uma conjunção, que chamamos "integrante", como em:

> É importante *que* meu time vença logo o primeiro jogo.

---

[61] NABUCO, Joaquim. *Op. cit,* p. 159.

Neste período, a oração subordinada tem a função de sujeito da anterior (sua principal) e é introduzida pela conjunção integrante *que*. Essas orações podem ser também introduzidas por seu próprio verbo no infinitivo, como em:

É importante meu time *vencer* logo o primeiro jogo.

No primeiro caso, dizemos que a oração subordinada substantiva é "desenvolvida". No segundo, dizemos que é "reduzida de infinitivo". Em alguns casos, como também já vimos, a oração substantiva é simplesmente justaposta à principal, sem conjunção e sem verbo no infinitivo. É o caso de orações como:

1. *Quem canta* seus males espanta.
2. Não sabia *como ia descer dali*.
3. Ele disse: *não saia daqui*.

Classificação das orações substantivas

1. Substantivas subjetivas

As orações substantivas subjetivas têm a função de sujeito da oração principal. As orações subjetivas quase sempre aparecem depois de sua oração principal. Exemplos:

1. É importante [que a prestação de contas seja transparente].
2. Convém [*observar* sempre os limites de comprometimento da renda].
3. É sabido [que as usinas atômicas são perigosas].
4. É bom [*saber* inglês].

2. Substantivas objetivas diretas

As orações substantivas objetivas diretas funcionam como objeto direto do verbo de sua oração principal. Exemplos:

1. Os meteorologistas dizem [*que* as previsões do tempo hoje são mais precisas].
2. Cientistas acreditam [*ter* descoberto a cura para a doença de Chagas].

Quando o conteúdo da oração objetiva direta é visto como algo incerto pelo autor do texto, é empregada a conjunção integrante *se*.

1. Quero saber [*se* vocês assistiram ao jogo ontem à tarde].
2. *Algum tempo hesitei [se devia abrir estas memórias pelo princípio ou pelo fim].*[62]

3. Substantivas objetivas indiretas

Como vimos no estudo da oração simples, o objeto indireto prototípico é aquele que representa o argumento dativo, a pessoa beneficiada (ou prejudicada) pela ação do verbo, como ocorre em:

O Unicef deu um prêmio *ao governador do Ceará*.

Esse objeto indireto prototípico raramente aparece sob a forma oracional. As orações substantivas objetivas indiretas abrangem, portanto, qualquer oração regida de preposição que complemente o verbo da oração principal. Exemplos:

[62] ASSIS, Machado de. *Memórias póstumas de Brás Cubas*. Rio de Janeiro: Nova Aguilar, 1997, p. 513. (*Obra Completa*, v. 1.)

1. A empresa aérea informou aos passageiros [de que haverá atraso no próximo voo].
2. Ninguém se lembrou [de desligar a luz].
3. Ele sempre gostou [de nadar].
4. Deu o dinheiro [a quem ia efetuar o pagamento].

Essa última oração é um exemplo raro de oração objetiva indireta prototípica, pois representa o beneficiado pela ação do verbo da oração principal.

4. Substantivas completivas nominais

Funcionam como complemento nominal de algum termo da oração principal. Exemplos:

1. Minha irmã tem ódio [de levantar cedo].
2. Tinha a sensação [de que estava sendo vigiado].

5. Substantivas predicativas

Funcionam como predicativo do sujeito da oração principal. Exemplos:

1. A previsão era [que o número de desabrigados aumentasse].
2. O difícil será [fazer as malas amanhã de manhã].

6. Substantivas apositivas

Funcionam como aposto de um termo da oração principal. Exemplos:

1. Apenas uma coisa me preocupava: [que ele tivesse perdido os recibos].
2. Ela me deu um conselho: [que eu fizesse uma caminhada todas as manhãs].
3. Como você teve a ideia [de escrever aquela novela]?

O aposto, como vimos em capítulo anterior, modifica um termo que o antecede e se identifica com ele. Na primeira frase, [*que ele tivesse perdido os recibos*] modifica *coisa* e se identifica com *coisa*. O mesmo acontece nas outras duas orações: as orações subordinadas modificam um termo da oração anterior e se identificam com ele.

Termo da oração anterior	**Oração apositiva**
Conselho	que eu fizesse uma caminhada todas as manhãs
Ideia	de escrever aquela novela

7. Substantivas com função de agente da passiva

Essas orações apresentam-se sempre de forma justaposta, regidas pelas preposições *por* ou *de*. Exemplos:

1. Foi criticado [por quantos o conheciam].
2. Esse aviso foi dado [por quem salvou a vítima].

Capítulo 25

Polifonia e intertextualidade

Intertextualidade

A intertextualidade ocorre quando o autor põe em seu texto trechos de outro autor, sem identificar esse autor. O entendimento vai depender exclusivamente do repertório, do conhecimento enciclopédico de mundo do leitor. Exemplo:

> *Aprovado na Câmara por um "descuido" da bancada evangélica, o texto precisa passar pelo Senado sem emendas. Caso contrário, volta à Câmara, onde vai dormir em berço esplêndido, como disse aos colegas a relatora do tema.*[63]

Para um brasileiro que conheça minimamente a letra do Hino Nacional Brasileiro, não será difícil identificar o verso de autoria de Joaquim Osório Duque Estrada, cujo sentido costuma ser criticado pelo senso comum, por sugerir uma atitude de acomodação:

> *Deitado eternamente em berço esplêndido*
> *Ao som do mar e à luz do céu profundo,*
> *Fulguras, ó Brasil, florão da América,*
> *Iluminado ao sol do novo mundo!*

Os textos da mídia costumam explorar a intertextualidade nos títulos de matéria, criando uma espécie de duplo sentido que somente o leitor culto consegue perceber. Observe o título dado pela revista *Veja* a uma matéria sobre a disputa de mercado entre a Coca-Cola e a Pepsi-Cola:

---

[63] FLOR, Ana. Bancada evangélica emperra projetos de gays no Congresso. *Folha de S. Paulo*, São Paulo, 13 jun. 2009, caderno Brasil. Disponível em: http://www1.folha.uol.com.br/fsp/brasil/fc1306200917.htm. Acesso em: 27 dez. 2011.

A guerra dos canudinhos

A justiça brasileira absolve a Pepsi em uma de suas mais longas batalhas judiciais contra a Coca no mundo.[64]

Fica implícita uma referência intertextual do título da matéria à Guerra de Canudos. Afinal, os refrigerantes costumam ser tomados com canudinhos.

Observe, agora, outro título de matéria da mesma revista:

Cem anos de adulação

Os bastidores da amizade entre Fidel Castro e Gabriel García Márquez ajudam a explicar de onde vem o fascínio de intelectuais pelo autoritarismo de esquerda.[65]

O título deixa implícita uma referência ao mais famoso romance de Gabriel García Márquez, *Cem anos de solidão*, publicado em 1967.

Outro título, desta vez da revista *Quatro Rodas*:

Tropa de choque

Com 313 cv e dez vezes mais torque que um R8 V10, o Audi e-tron é um elétrico que acelera como esportivo de verdade – e chega ao Brasil em 2012.[66]

---

[64] SEGALLA, Vinícius. A guerra dos canudinhos. *Veja*, São Paulo, 2.152ª ed., 17 fev. 2010. Disponível em: http://veja.abril.com.br/170210/guerra-canudinhos-p-066.shtml. Acesso em: 10 jan. 2012.

[65] SCHELP, Diogo. Cem anos de adulação. *Veja*, São Paulo, 2.151ª ed., 10 fev. 2010. Disponível em: http://veja.abril.com.br/100210/cem-anos-adulacao-p-092.shtml. Acesso em: 10 jan. 2012.

[66] PRIOR, Matt. Tropa de choque. *Quatro Rodas*, São Paulo, 601ª ed., jan. 2010. Disponível em: http://quatrorodas.abril.com.br/acervodigital/home.aspx. Acesso em: 10 jan. 2012.

Aqui, além da intertextualidade com tropa de choque, unidade da Polícia Militar responsável pela atuação em conflitos de rua – o que sugere a força do motor –, o título sugere outra leitura para a palavra *choque* (choque elétrico), uma vez que o tema da reportagem é um carro elétrico. O substantivo *tropa* também sugere o sentido de *tropa de cavalos*. Afinal, são 313 cavalos!

Algumas vezes, contudo, descobrir uma referência intertextual chega a ser um exercício digno de um Sherlock Holmes. Vejamos o início do capítulo VI do romance *Memórias póstumas de Brás Cubas*, de Machado de Assis[67]:

VI
Chimène, qui l'eût dit?
Rodrigue, qui l'eût cru?

Vejo-a assomar à porta da alcova, pálida, comovida, trajada de preto, e ali ficar durante um minuto, sem ânimo de entrar ou detida pela presença de um homem que estava comigo. Da cama, onde jazia, contemplei-a durante esse tempo, esquecido de lhe dizer nada ou de fazer nenhum gesto. Havia já dois anos que nos não víamos, e eu via-a agora não qual era, mas qual fora, quais fôramos ambos, porque um Ezequias misterioso fizera recuar o sol até os dias juvenis. Recuou o sol, sacudi todas as misérias, e este punhado de pó, que a morte ia espalhar na eternidade do nada, pôde mais do que o tempo, que é o ministro da morte. Nenhuma água de Juventa igualaria ali a simples saudade.

Creiam-me, o menos mau é recordar; ninguém se fie da felicidade presente; há nela uma gota da baba de Caim. Corrido o tempo e cessado o espas-

---

[67] ASSIS, Machado de. *Memórias Póstumas de Brás Cubas*. Rio de Janeiro: Nova Aguilar, 1997, p. 518. (*Obra Completa*, v. 1)

mo, então sim, então talvez se pode gozar deveras, porque entre uma e outra dessas duas ilusões, melhor é a que se gosta sem doer.

Esse capítulo tem como assunto o reencontro entre Brás Cubas e sua antiga amante Virgília. O título do capítulo remete à tragédia *Le Cid*, de autoria do dramaturgo francês Pierre Corneille, que narra a história do jovem, belo e valoroso cavaleiro Rodrigo, que, para cumprir a obrigação de vingar seu pai, ofendido por um outro cavaleiro e pai de sua amada Gimena (Chimène), o desafia a um duelo e o mata. A citação de Machado corresponde a um diálogo da Cena IV do 3º ato, em que Rodrigo, depois de vencer o duelo, vai à casa de Gimena e lhe pede que, por sua vez, vingue seu pai matando a ele, Rodrigo. Vejamos o trecho em que se insere o diálogo:

RODRIGUE
Que de maux et de pleurs nous coûteront nos pères!
CHIMÈNE
Rodrigue, qui l'eût cru?
RODRIGUE
Chimène, qui l'eût dit?
CHIMÈNE
Que notre heur fût si proche, et sitôt se perdît?
RODRIGUE
Et que si près du port, contre toute apparence,
Un orage si prompt brisât notre esperance?[68]

Traduzindo:

RODRIGO
Que de males e de lágrimas nos custarão nossos pais!

---
[68] CORNEILLE, Pierre, Le Cid. p. 58. Disponível em: http://www.inlibroveritas.net/telecharger/pdf_domaine_public/oeuvre2168.html. Acesso em 01.02.2012.

> **GIMENA**
> Rodrigo, quem o creria?
> **RODRIGO**
> Gimena, quem o diria?
> **GIMENA**
> Que nossa chance estivesse tão próxima e tão perto
> se perderia?
> **RODRIGO**
> E que tão perto do porto, contra toda aparência,
> Uma tempestade tão de repente quebrasse nossa
> esperança?

Como se nota, Machado citou o diálogo invertido. Seu objetivo foi preparar o leitor culto de sua época para ler um capítulo que trataria de um amor não realizado.

Há ainda uma menção a Ezequias, rei de Judá que conseguiu que Deus recuasse o tempo em seu favor em 10 graus, em um relógio de sol.

Como eu ensino

Após ter tratado esse tema em sala de aula, o professor poderá pedir aos alunos que redijam pequenos textos inserindo citações, variando o tipo de verbo introdutor delas. Aqui vão algumas sugestões:

1. O amor vive de inanição e morre de excesso de alimentação. (*Alfred de Musset, escritor francês*)
2. Para todos os males, há dois remédios: o tempo e o silêncio. (*Alexandre Dumas, pai, escritor francês*)
3. Prefiro receber censuras a receber condolências. (*Golda Meir, primeira-ministra israelense*)
4. Não é triste mudar de ideias; triste é não ter ideias para mudar. (*Aparecido Torelly, Barão de Itararé, jornalista*)

5. Coragem é o preço que a vida cobra para garantir a paz. (*Amelia Earhart, aviadora norte-americana*)
6. Como é duro odiar aqueles a quem se gostaria de amar. (*Voltaire, filósofo francês*)
7. Qualquer garota nasce sabendo tudo sobre o amor. O que aumenta é apenas sua capacidade de sofrer por causa dele. (*Françoise Sagan, escritora francesa*)
8. Quem olha para fora, sonha; quem olha para dentro, desperta. (*Carl Jung, psicanalista suíço*)
9. Sabemos muito pouco sobre o que somos e menos ainda sobre o que podemos ser. (*Lord Byron, escritor inglês*)
10. O que você pensa sobre você é muito mais importante do que o que os outros pensam de você. (*Sêneca, filósofo romano*)

Capítulo 26

Sintaxe como eixo da textualidade
Estudo das orações adverbiais

As orações adverbiais funcionam como adjuntos adverbiais de suas orações principais e suas classificações obedecem a um critério semântico. Podem ser desenvolvidas – quando são introduzidas por conjunções, como *porque*, ou locuções conjuntivas, como *a menos que* – ou reduzidas, quando são introduzidas pelas formas nominais do verbo, como infinitivo, gerúndio ou particípio. São as seguintes as orações adverbiais:

1. Causais

São as orações que indicam a causa daquilo que acontece em sua oração principal. Por esse motivo, o evento que consta em seu conteúdo precede o evento que consta em sua oração principal.

1. O voo atrasou, [*porque* o tempo estava ruim].
2. Não consegui vaga no hotel, [*pois* não tinha reserva].
3. Não telefonei, [por *estar* muito ocupado].
4. [Não *conseguindo* vaga], ficou na lista de espera
5. [*Como* não tinha reserva], não consegui vaga no hotel.

A oração causal introduzida pela conjunção *como* deve obrigatoriamente anteceder sua principal. Se invertermos as orações no último exemplo, a frase ficará sem sentido:

Não consegui vaga no hotel, [*como* não tinha reserva]. (?)

Distinção entre orações causais e explicativas

Nem sempre é fácil distinguir orações subordinadas adverbiais causais de coordenadas explicativas. Duas características das orações coordenadas, contudo, são um critério seguro para resolver esse problema: a iconicidade temporal e a impossibilidade de redução de uma oração coordenada.

Iconicidade temporal

Quando temos orações coordenadas como: "Chegou o carteiro [e me deixou uma carta]", "César veio, [viu] [e venceu]" e "Ele não tinha o visto, [logo não pôde entrar no país]" não é possível inverter a ordem das orações, dizendo: "[E me deixou-me uma carta] chegou o carteiro", "[E venceu], [viu], César veio" e "[Logo não pôde entrar no país], ele não tinha o visto".

O princípio que impede essa inversão é chamado de "iconicidade temporal". Trata-se do princípio que leva os falantes de uma língua a representar o que acontece no mundo real da maneira mais aproximada possível. Segundo esse princípio, diremos: "Vera veio da Bahia para São Paulo", e nunca: "Vera veio para São Paulo da Bahia", porque antes ela estava na Bahia e, depois, em São Paulo.

Impossibilidade de redução

Também não é possível reduzir orações coordenadas sem torná-las agramaticais ou mudar o sentido, como abaixo:

1. O carteiro chega, [deixar-me uma carta].
2. César veio, [vindo] e [vencendo].
3. Ele não tinha o visto [não poder entrar no país].

As orações subordinadas não sofrem essas duas restrições. Se tivermos uma oração subordinada como: "Ela não saiu [porque estava frio]." podemos, facilmente, criar outra versão, invertendo a ordem das orações como em: "[Porque estava frio], ela não saiu." Ou ainda uma outra, reduzindo a oração subordinada: "Ela não saiu, [por estar frio]." Fazendo as duas coisas ao mesmo tempo, teríamos: "[Por estar frio], ela não saiu."

Imaginemos, agora, duas orações sobre as quais recai a dúvida sobre serem coordenadas explicativas ou subordinadas adverbiais causais:

1. Saia logo, [porque o carro vai explodir].
1. Saiu à rua, [porque estava quente dentro de casa].

No primeiro exemplo, não podemos inverter as orações, nem reduzir a segunda oração:

1a. [Porque o carro vai explodir], saia logo. (?)
1b. Saia logo, [por ir o carro explodir]. (?)

No segundo exemplo, é possível tanto a inversão quando a redução:

2a. [Porque estava quente dentro de casa], saiu.
2b. Saiu, [por estar quente dentro de casa].

Concluindo: no primeiro exemplo, a segunda oração é uma coordenada explicativa; e, no segundo exemplo, a segunda oração é uma adverbial causal.

2. Comparativas

As orações comparativas equivalem a um adjunto adverbial de comparação. Apresentam-se sempre como orações desenvolvidas. Podem exprimir igualdade, superioridade ou inferioridade relacionadas às suas orações principais. Exemplos:

Igualdade

> Ele guia [*como* o avô dele guiava].

Às vezes, há uma conotação de hipótese na comparação, pelo emprego da locução *como se*:

> Trabalhava [*como se* o mundo fosse acabar amanhã].

Essa locução é o resultado de um processo histórico que concentrou, em uma única oração, duas orações. Originalmente, teríamos:

> Trabalhava [*como* trabalharia] [*se* o mundo fosse acabar amanhã].

Nessa oração complexa, a conjunção *como* introduz uma oração comparativa e o *se*, uma condicional. Atualmente, podemos dizer que as orações introduzidas por *como se* são, simplesmente, orações comparativas.

Superioridade

1. O cigarro mata *mais* [*do que* a Aids matou na última década].
2. Um carro no Brasil custa 50 por cento *mais* [*do que* custa nos Estados Unidos.]

Inferioridade

1. O espetáculo durou *menos* [*do que* prometeram os organizadores].
2. A economia do país cresceu *menos* [*do que* gostaríamos].

Quase sempre as orações comparativas são apresentadas de modo truncado:

1. Atualmente, os idosos produzem *tanto* [*quanto* os jovens].
2. O atual prefeito investiu *mais* [*do que* o anterior].
3. Muitas economias europeias têm crescido *menos* [*do que* a brasileira].

Se aparecessem completas, teriam, respectivamente, as seguintes formas:

1. Atualmente, os idosos produzem *tanto* [*quanto* os jovens produzem].
2. O atual prefeito investiu *mais* [*do que* o anterior investiu].
3. Muitas economias europeias têm crescido *menos* [*do que* a brasileira tem crescido].

Esse costume de reduzir as orações subordinadas adverbiais comparativas levou, sobretudo na língua falada, ao surgimento da expressão *que nem*, como locução comparativa, em frases como:

Trabalhei *que nem* um condenado, na semana passada.

Trata-se da redução de uma frase maior como:

Trabalhei tanto que nem um condenado trabalharia tanto / igual / dessa forma, na semana passada.

3. Concessivas

As orações concessivas, comumente introduzidas pela conjunção *embora* ou pela locução conjuntiva *apesar de*, representam uma opção ao emprego das orações coordenadas adversativas, como articulação sintática de oposição. Imaginemos, primeiramente, uma oração coordenada adversativa:

> Os computadores grandes ainda existem em empresas, *mas* os chamados PCs (*personal computers*) dominam amplamente o mercado.

Se o falante quiser, por motivos de "gerenciamento de informação", mudar a ordem dessas orações, não poderá fazê-lo, uma vez que as orações coordenadas são afetadas pelo princípio da iconicidade temporal, como vimos há pouco. De fato, seria completamente malformado um período como:

> *Mas* os chamados PCs (*personal computers*) dominam amplamente o mercado, os computadores grandes ainda existem em empresas.

Mas, se utilizarmos a subordinação concessiva, podemos inverter as orações, pois as subordinadas não são afetadas pela iconicidade temporal. Poderíamos, então, perfeitamente dizer:

> Os chamados PCs (*personal computers*) dominam amplamente o mercado, *embora* os computadores grandes ainda existam nas empresas.

Observamos, contudo, sobretudo na mídia escrita, o uso das orações concessivas tanto iniciando os períodos quanto vindo depois de suas orações principais. Vejamos dois exemplos em uma matéria publicada no jornal *Folha de S. Paulo*, em que o autor faz comentários sobre o Museu da Acrópole, em Atenas.

> *Apesar de as construções serem brancas, originalmente eram coloridas. [...]*
> *Também [o museu] tem painéis que adornaram o Parthenon, embora a maioria desses mármores do frontão do prédio tenham sido levados a Londres em 1806 por lorde Elgin.*[69]

Essa possibilidade de anteposição da oração concessiva foi adaptada pelos falantes do português como um marcador de atenuação, uma estratégia de proteção da face. Comparemos os dois períodos abaixo, resultantes de uma fala governamental:

> *O governo federal fez todos os cálculos possíveis de redução do imposto de renda na fonte, mas é impossível reduzi-lo agora, por causa da perda da receita.*

> *Embora o governo federal tenha feito todos os cálculos possíveis de redução do imposto de renda na fonte, é impossível reduzi-lo agora, por causa da perda da receita.*

No primeiro deles, uma vez proferida a oração principal, o que vem depois tanto pode confirmar o seu conteúdo (se a continuação fosse: *e o imposto será, de fato, reduzido.*) quanto se opor a ele, frustrando-o, como ocorre no exemplo dado. No segundo período, a colocação da oração concessiva no início já traz a predição de oposição, o que atenua a fala do enunciador, protegendo sua face.

---

[69] KANNO, Maurício. Complexo, Erécteion exibe suas esculturas de forma feminina. *Folha de S. Paulo*, São Paulo, 10 nov. 2011, caderno Turismo. Disponível em: http://www1.folha.uol.com.br/fsp/turismo/fx1011201106.htm. Acesso em: 27 dez. 2011.

As orações concessivas podem também ser introduzidas pelas locuções *muito embora, ainda que, conquanto, posto que* e também por meio das locuções prepositivas: *apesar de, a despeito de, não obstante*. Exemplos:

1. [*Ainda que* eu falasse a língua dos anjos], isso de nada me valeria sem a caridade.
2. [*Posto que* estivesse atrasado], o início da cerimônia não foi alterado.
3. Seu cartão foi desbloqueado, [*não obstante* tivesse apresentado um documento vencido].

Podem, também, ser reduzidas de infinitivo ou de particípio:

1. [Apesar de *comer* muito], ele não engorda um grama.
2. [Mesmo *afastado*], ele queria dar palpite em tudo.

4. Condicionais

A principal conjunção condicional é *se*, a única que leva o verbo ao futuro do subjuntivo, caso o verbo da principal também esteja nesse tempo ou no presente com valor de futuro:

[*Se* as previsões *estiverem* certas], choverá no final de semana.

Outras conjunções e locuções condicionais pedem o verbo no presente do subjuntivo:

A garantia funciona [*desde que* você *faça* as revisões].

As locuções conjuntivas *a menos que* e *a não ser que* incorporam uma marca de negação. Por esse motivo, aplicam-se apenas em orações condicionais negativas e têm a propriedade de dispensar o advérbio *não*. Compare as duas frases a seguir:

1. *Se* você *não* poupar agora, vai ter problemas no futuro.
2. *A menos que* você poupe agora, vai ter problemas no futuro.

Na primeira frase, a oração condicional tem de ter o advérbio de negação *não*. Na segunda, fica dispensada disso.

As orações condicionais podem ser, também, reduzidas de infinitivo ou de particípio:

1. [No caso de a água *ferver*], não abra o radiador.
2. [*Pagando* fora do prazo], a parcela será acrescida de multa.

5. Conformativas

A Nomenclatura Gramatical Brasileira (NGB) chama de conformativas as orações que apresentam um fato em conformidade com a oração principal, como:

1. [*Conforme* disse o presidente], haverá apenas uma comissão.
2. [*Segundo* pensava Platão], havia um mundo imutável das ideias.

Essas orações, contudo, caberiam perfeitamente dentro das modais. Afinal, conformidade é apenas um modo a mais vinculado a como se realiza a ação de uma oração principal.

6. Consecutivas

As orações consecutivas representam a consequência daquilo que é veiculado em uma oração principal. São introduzidas geralmente pela conjunção *que*, e pelas locuções *de forma que* e *tanto que*.

1. As cadeiras devem ser colocadas [*de forma que* facilitem a visão de todos].
2. Hamilton provocou muitos acidentes na última temporada de Fórmula 1, [*tanto que* foi punido várias vezes].

Quando a oração consecutiva é introduzida pela conjunção *que*, ela aparece em correlação com palavras como *tão* ou *tanto*. Isso significa que tão ou tanto pertencem à oração principal e apenas o *que* fica dentro da oração subordinada consecutiva. Exemplos:

1. Ele estudou *tanto* [*que* conseguiu entrar em primeiro lugar no vestibular].
2. O sofrimento de Nietzsche foi *tão intenso* [*que* ele morreu em um manicômio].

7. Finais

Orações finais indicam a intenção ou finalidade daquilo que está veiculado na oração principal. Podem ser introduzidas pelas locuções conjuntivas *para que* e *a fim de que*, como em:

1. Sinalizou com uma lanterna [*para que* fosse localizado].
2. Tomou providências [*a fim de que* nada lhe pudesse acontecer].

É muito mais comum, porém, que essas orações apareçam reduzidas de infinitivo, precedidas da preposição *para*, como em:

Fez o check-in pela internet [*para evitar* esperar na fila do aeroporto].

8. Locativas

Essa oração não aparece na classificação oficial da Nomenclatura Gramatical Brasileira (NGB). Indica lugar onde ocorre o evento da oração principal e é introduzida pelo advérbio *onde*. Por esse motivo é uma oração considerada justaposta, uma vez que *onde*, nesse caso, não é uma conjunção. Exemplos:

1. O seu tesouro está [*onde* está seu coração].
2. Cabral navegava [*por onde* já tinha navegado Vasco da Gama].

Se o *onde* tiver um antecedente, sua função passa a ser a de um pronome relativo, funcionando também como conjunção, e a oração introduzida por ele se torna uma oração adjetiva. Exemplos:

1. Cabral navegava em mares [*por onde* já tinha navegado Vasco da Gama].
2. Deixe as chaves no lugar [*de onde* as tirou].

9. Modais

As orações modais indicam, genericamente, o modo ou o instrumento utilizados no evento registrado na oração principal. Podem ser introduzidas pela conjunção *como* ou pela locução *sem que*. Exemplos:

1. Ele viajou [*como* quis viajar].
2. No ano passado, o consumo recuou, [*sem que* houvesse queda do PIB].

É mais comum, contudo, que as orações modais se apresentem sob forma reduzida de gerúndio, como no exemplos:

1. Um carro passou pela rua, [*correndo* muito].
2. Passou hoje por aqui, [*comemorando* o início das férias].

10. Proporcionais

As orações proporcionais indicam fatos que aumentam ou diminuem "sincronizados" com o que se declara na oração principal. São introduzidas por locuções como *à medida que, à proporção que* e por locuções correlativas (uma parte fica na oração principal e outra, na subordinada) como *quanto mais ... mais, quanto menos ... menos*. Exemplos:

1. A água evapora [*à proporção que* o calor aumenta].
2. Ela progrediu na profissão, [*à medida que* conseguia melhores posições na empresa].
3. *Quanto mais* rezo, [*mais* assombração aparece].
4. *Quanto menos* sal comemos, [*mais* saúde ganhamos].

Muitas vezes, essas orações são reduzidas a expressões como:

1. Menor atrito, [maior velocidade].
2. Menor prazo, [maior a prestação].
3. Menos sal, [mais sabor].

11. Temporais

As orações temporais assinalam o tempo da realização do fato expresso na oração principal. São introduzidas por *quando* ou por locuções como *até que*, *desde que* e pela conjunção *que*, significando *desde que*. Exemplos:

1. Atravesse a rua [*quando* acender o sinal verde].
2. Nasci [*depois* que o homem foi à Lua].
3. Não desistiu de prestar concurso [*até que* conseguiu aprovação].
4. Há muito tempo [*que* não o vejo]. (= *desde que* não o vejo)

Reduzidas

De infinitivo

[Ao chegar], preenchi a ficha do hotel.

De particípio

[Cumpridas todas as formalidades], você conseguirá seu passaporte.

Capítulo 27

Sintaxe como eixo da textualidade
Complementação ao estudo do período composto

1. Uma construção argumentativa complexa, feita por meio de uma articulação adversativa

Vejamos o seguinte texto retirado do blog do jornalista Reinaldo Azevedo:

> *Uma das construções que mais gosto de desarmar são os períodos compostos por coordenação em que há orações adversativas. Elas dizem muito de quem fala, entendem? "O nazismo foi um horror, mas é bem verdade que os judeus dominavam o sistema financeiro da Alemanha." O sujeito que faz uma afirmação como essa está convicto de não estar flertando com o nazismo e pensa estar apenas nos convidando a fazer uma abordagem realista da coisa. No fim das contas, ali onde ele meteu uma conjunção adversativa está implícita uma causal: o domínio dos judeus acabou levando ao nazismo, que, não obstante, teria sido um exagero... Entenderam?*[70]

Vamos pôr em foco o trecho que incomodou o jornalista:

> O nazismo foi um horror, mas é bem verdade que os judeus dominavam o sistema financeiro da Alemanha.

---

[70] AZEVEDO, Reinaldo. Cabocra Tereza e os meandros do pensamento autoritário. *Blog*. Disponível em: http://veja.abril.com.br/blog/reinaldo/geral/cabrocra-tereza-e-os--meandros-do-pensamento-autoritario/. Acesso em: 28 dez. 2011.

O que acontece nesse tipo de oposição é que há, de fato, uma oração causal embutida. O período completo poderia ser algo como:

> O nazismo foi um horror, *mas* foi um horror *porque* é bem verdade que os judeus dominavam o sistema financeiro da Alemanha.

Como se vê, a oração adversativa de fato é a repetição da predicação da oração principal (*mas foi um horror*). O que acontece é que o falante reduz as duas orações (adversativa e causal) a uma só, adversativa. Fica implícita, entretanto, a ideia de causa.

2. Articulação sintática de fim e o uso do infinitivo

A forma usual de manifestar finalidade é utilizar a preposição *para* seguida de verbo no infinitivo:

> Pagarei todas as minhas dívidas [*para sair* do vermelho].

Usam-se, também, locuções prepositivas como: *a fim de, com o propósito de, com o intuito de, com o objetivo de*:

> Investiu num consórcio [*com o objetivo de* / *com o propósito* de não pagar juros].

Um cuidado importante com relação às orações finais é que, quando têm o mesmo sujeito da oração principal, o infinitivo não se flexiona. Exemplo:

1. Saímos cedo no domingo, [para não *pegar* trânsito].

2. Saímos cedo no domingo, [com o intuito de não *pegar* trânsito].
3. Estudamos bem todo o processo [para não *ser* surpreendidos].

As versões a seguir consistem em um desvio da língua padrão:

1. Saímos cedo no domingo, *para* não *pegarmos* trânsito.
2. Estudamos bem todo o processo *para* não *sermos* surpreendidos.

Afinal, mesmo no dia a dia, ninguém dirá, por exemplo: "Meus pais *saíram para comprarem* pão", mas: "Meus pais *saíram para comprar* pão".

3. Articulações sintáticas ligando períodos dentro do texto

É bastante comum termos períodos vinculados a outros por articuladores sintáticos, como no texto abaixo.

> *Uma opinião é uma posição subjetiva a respeito de algo que posso ser contra ou a favor.* [*Mas há coisas a respeito das quais não é possível ser contra.*] *Por exemplo, não posso ser contra a universalização de direitos e a generalização do respeito a grupos sociais historicamente excluídos. Ao fazer isso, coloco-me fora da democracia.*
> [*Por isso, há certos enunciados que simplesmente não têm o direito de circular socialmente.*][71]

---

[71] SAFATLE, Vladimir. Aquém da Opinião. *Folha de S. Paulo*, São Paulo, 12 abr. 2011, caderno Opinião. Disponível em: http://www1.folha.uol.com.br/fsp/opiniao/fz1204201106.htm. Acesso em: 29.12.2011.

A conjunção *mas* introduz não uma oração adversativa vinculada a uma oração coordenada inicial, mas um período adversativo coordenado ao período anterior. E essa oração iniciada por *mas* é a oração principal desse novo período. Da mesma forma, a locução *por isso* introduz um período conclusivo coordenado ao período anterior e essa conclusiva é a oração principal desse novo período.

É importante dizer que essas construções existem há muito tempo na língua, como podemos ver neste trecho de *Os lusíadas,* de Camões:

Canto V
36
Contou então que, tanto que passaram
Aquele monte, os negros de quem falo,
Avante mais passar o não deixaram,
Querendo, se não torna, ali matá-lo;
E tornando-se, logo se emboscaram,
Por que, saindo nós para tomá-lo,
Nos pudessem mandar ao reino escuro,
Por nos roubarem mais a seu seguro.
37
[**Porém** *já cinco sóis eram passados*
Que dali nos partíramos, cortando
Os mares nunca doutrem navegados,
Prosperamente os ventos assoprando,
Quando uma noite estando descuidados,
Na cortadora proa vigiando,
Uma nuvem que os ares escurece
Sobre nossas cabeças aparece.[72]]

Note que a estrofe 37 desse canto IV do poema configura um período coordenado adversativo em relação ao anterior. E a oração *Porém já cinco sóis eram passados* é a principal desse novo período.

---

[72] CAMÕES, Luís Vaz de. *Os lusíadas*. Comentários de Augusto Epifânio da Silva Dias. Rio de Janeiro: MEC, 1972, p. 286. Edição fac-similar.

Como eu ensino

O professor deve levar os alunos a identificar articulações sintáticas entre períodos em artigos de opinião de jornais, revistas e blogs. Uma prática interessante é levá-los, também, a construir períodos compostos a partir da união entre orações simples.

Atividade 1:
Relacione as três ideias do grupo de frases a seguir em um só período, articulando as orações da maneira que julgar mais adequada (articulação de causa, oposição, fim, adição etc.). Faça isso três vezes, dando relevância, alternadamente, a cada uma das ideias.

1. As montadoras sul-coreanas sabem que terão muita concorrência no Brasil.
2. As montadoras sul-coreanas investirão no Brasil.
3. As montadoras sul-coreanas acreditam que oferecerão carros mais atualizados do que as "quatro grandes".

Resolução

a) Dando relevo à primeira ideia:
   As montadoras sul-coreanas sabem que terão muita concorrência no Brasil, mas, apesar disso, investirão no país, uma vez que acreditam que oferecerão carros mais atualizados do que as "quatro grandes".

b) Dando relevo à segunda ideia:
   As montadoras sul-coreanas investirão no Brasil, mesmo sabendo que terão muita concorrência no país, em virtude de acreditarem que oferecerão carros mais atualizados do que as "quatro grandes".

c) Dando relevo à terceira ideia:
As montadoras sul-coreanas acreditam que oferecerão carros mais atualizados do que as "quatro grandes", por isso investirão no Brasil, embora saibam que terão muita concorrência no país.

O professor notará que, ao resolver um exercício como esse, os alunos deverão utilizar os mecanismos de coesão aprendidos nos capítulos 3, 4 e 5. O substantivo *Brasil*, por exemplo, foi substituído em todas as resoluções pelo hiperônimo *país*.

Atividade 2:
Relacione as três ideias de cada um dos grupos de frases a seguir em um só período, articulando as orações da maneira que julgar mais adequada (articulação de causa, oposição, fim, adição etc.). Faça isso três vezes, dando relevância, alternadamente, a cada uma das ideias.

I
1. Um mapa não é um território.
2. Um mapa é apenas uma representação mental de um território.
3. Os mapas são muito importantes, pois constituem lentes cognitivas.

II
1. O planejamento das nossas ações é indispensável.
2. Muita gente não age conforme o que planejou.
3. Muita gente não consegue alcançar seus objetivos na vida.

III
1. O valor de uma marca é a percepção do cliente.
2. Não adianta acharmos que nossa marca é a melhor.
3. A percepção de uma marca depende do benefício do produto.

Capítulo 28

Informações em destaque: topicalização e clivagem

Para destacar informações em um texto, são utilizados procedimentos focais. Por meio deles, sobretudo na língua falada, o enunciador consegue colocar em relevo um termo da oração em relação aos demais. Os mais comuns são a topicalização e a clivagem.

1. Topicalização

Consiste em situar antes de uma oração, sem nenhuma função sintática definida, um termo que vai ser retomado dentro dessa oração. A finalidade é fazer desse termo um quadro de referência, um centro de atenções para o que se vai comunicar. Vejamos alguns exemplos:

1. *Esse relógio*, eu comprei esse relógio em Miami.
2. *A bolsa de Nova York*, eu não aplico mais na bolsa de Nova York.

No primeiro exemplo, o enunciador situou o termo *esse relógio* como tópico, antes do início da oração. Na segunda, *a bolsa de Nova York*. É preciso salientar que o tópico não tem função sintática alguma. Ele está fora da oração. O tópico pode ser repetido dentro da oração como nos exemplos acima. Mas pode ser representado por um pronome, ou simplesmente ficar elíptico. Dessa maneira, a primeira oração poderia assumir também as seguintes formas:

1. *Esse relógio*, eu o comprei em Miami
2. *Esse relógio*, eu ___ comprei em Miami

Quando os elementos topicalizados são substituídos por pronomes que exercem as funções de objeto direto, objeto indireto, ou predicativo, as gramáticas tradicionais do português falam em "funções pleonásticas". Uma oração como: "*Os planos de viagem*, ela *os* tinha adiado mais de uma vez", é tradicionalmente analisada como tendo dois objetos diretos, um representado por *Os planos de viagem* e outro, chamado de pleonástico, representado pelo pronome *os*. Essa análise nos parece pouco motivada, porque tenta colocar "à força" um sintagma nominal (Os planos de viagem) dentro de uma oração a que não pertence.

Nossa proposta é que o elemento topicalizado seja analisado simplesmente como tópico. Se esse tópico for retomado na oração por um pronome, esse pronome será analisado de acordo com sua função sintática nessa oração. No exemplo "*Os planos de viagem*, ela *os* tinha adiado mais de uma vez", *os planos de viagem* é um tópico; o pronome *os* é, simplesmente, o objeto direto da oração.

Se, entretanto, o tópico não for retomado por um pronome, sua função sintática na oração será analisada como elíptica. Em: "Os planos de viagem, ela tinha adiado mais de uma vez", o termo *os planos de viagem* continua sendo tópico; o objeto direto da oração fica elíptico.

O próprio sujeito pode ser topicalizado como nas frases:

1. Maria, Maria acaba de sair.
2. Maria, ela acaba de sair.
3. Maria, acaba de sair.

Na primeira, o sujeito repete o tópico. Na segunda, ele é representado por um pronome e, na terceira, fica elíptico. As gramáticas tradicionais apontariam, nesse caso, um erro, que seria "separar o sujeito do verbo por uma vírgula". Na verdade, o que está separado é o tópico. O sujeito é oculto ou elíptico.

Essas "arrumações" subsequentes à topicalização são os mesmos processos de coesão textual anafórica que estudamos no capítulo 3. Trata-se de recuperar o tópico dentro da oração de que ele foi retirado. Façamos uma comparação:

Coesão por uso de pronome

> *Maria* chegou. *Ela* foi tomar banho.
> *Maria, ela* acaba de sair.

Coesão por elipse

> *Maria* chegou. ___ Foi tomar banho.
> *Maria,* ___ acaba de sair.

Coesão léxica

> *Maria* chegou. *Essa garota* foi tomar banho.
> *Maria, essa garota* acaba de sair.

Outro exemplo de topicalização acontece quando o enunciador situa vários termos antes de uma oração, retomando-os, depois, dentro dela, por meio de pronomes.

> Diversão, cultura, boa comida, gente interessante, *tudo* fará a sua alegria em uma viagem à Itália.

O sujeito da oração acima é *tudo*. A relação de elementos que antecede a oração deve ser analisada apenas como tópico. Ah, e o verbo (*fará*) concorda, obviamente com seu sujeito (*tudo*). O fato de o pronome *tudo* estar junto aos termos topicalizados e haver identidade entre eles leva alguns gramáticos a denominá-lo de "aposto resumitivo". Trata-se de "tentar encaixar" fatos diferentes dentro de uma realidade que já se conhece. Embora isso tenha pouca importância prática, pode-se dizer que o fato de haver concordância entre o verbo *fazer* e o pronome *tudo* leva automaticamente os termos anteriores para fora da frase em questão. Vejamos os seguintes trechos:

> Nikita Kruschev e John Kennedy, presidentes, respectivamente, da União Soviética e dos Estados Unidos, chegaram a um acordo de paz, na crise dos mísseis cubanos, em 1962.

Veja que o verbo *chegar* concorda com Nikita Kruschev e John Kennedy, sujeitos da frase. Imaginemos uma outra versão desse trecho:

> Nikita Kruschev e John Kennedy, presidente dos Estados Unidos, chegaram a um acordo de paz, na crise dos mísseis cubanos, em 1962.

Veja que o verbo *chegar* continua a concordar com seu sujeito (Nikita Kruschev e John Kennedy) e jamais com o aposto (presidente dos Estados Unidos). Conclusão: no exemplo anterior, com o pronome *tudo*, o fato de o verbo concordar com ele, excluindo os termos anteriores, é um forte indicador de que *tudo* não pode ser aposto e, sim, o sujeito da oração.

Antitópico

Algumas poucas vezes, o termo topicalizado aparece depois do final da oração. Recebe, então, o nome de *antitópico*. É o que acontece no seguinte trecho de Machado de Assis, em seu romance *Memórias póstumas de Brás Cubas*:

> Mas não embarcaria mais. Enjoara muito a bordo, como todos os outros passageiros, exceto um inglês... Que os levasse o diabo os ingleses![73]

Na linguagem falada, o antitópico configura um bloco prosódico separado da oração, geralmente por uma vírgula, como no exemplo a seguir:

> O Banco Central já deveria ter reduzido a taxa básica de juros, a Selic.

Nesse exemplo, a única razão da existência da vírgula antes de *a Selic* é o fato de esse termo ser um antitópico, uma vez que, se o considerarmos um aposto, seria um aposto especificativo e não explicativo, que é o único que aparece entre vírgulas, como em:

> Marechal Deodoro, o primeiro presidente do Brasil, governou pouco.

Nessa frase, *Marechal Deodoro* é espécie e *o primeiro presidente do Brasil*, gênero, portanto, aposto explicativo. Se invertêssemos a ordem, dizendo: "O primeiro presidente do Brasil Marechal Deodoro governou pouco", não haveria vírgulas separando *Marechal Deodoro*, pois esse nome seria, agora, um aposto especificativo.

2. Clivagem

Um outro recurso focal amplamente utilizado em português, tanto na língua oral quanto na língua escrita, é a clivagem, que consiste em utilizar o verbo

---

[73] ASSIS, Machado de. *Memórias póstumas de Brás Cubas*. Rio de Janeiro: Nova Aguilar, 1997, p. 600. (*Obra Completa*, v. 1.)

ser e a palavra *que* para realçar termos da oração posicionados antes do verbo.

1. *Foi* o Visconde de Mauá *que construiu* a primeira estrada de ferro no Brasil.
2. No Araguaia *é que se podem pescar* peixes grandes.

Foi que, no primeiro exemplo, e *é que*, no segundo, estão antes dos verbos *construiu* e *podem pescar*, respectivamente.

Observações

1. O verbo *ser* pode repetir o tempo do verbo, como no primeiro exemplo (*foi ... construiu*), ou não repetir, como no segundo (*é ... podem pescar*).

2. O verbo *ser* pode estar junto ao *que*, posposto ao termo clivado: No Araguaia *é que* se podem pescar peixes grandes. Pode vir também antes do termo clivado, ficando o *que* depois dele: *Foi* o Visconde de Mauá *que*.

3. Tanto o verbo *ser* quanto a palavra *que* não exercem nenhuma função sintática dentro dessas orações. São apenas marcas focais.

Na língua falada atual, é bastante comum fazer a clivagem de um termo da oração depois do verbo, utilizando o verbo *ser* à esquerda desse termo. O *que* fica dispensado. Exemplos:

1. Fernando comprou *foi* um carro zero.
2. Fernando comprou um carro zero, *foi* em dezembro.
3. Essa menina quer *é* fazer manha.

Até mesmo orações inteiras podem sofrer clivagens, como em:

1. *Foi* quando ele voltou da Europa *que* se casou.
2. Para comprar um apartamento maior é *que* ele economizou tanto.

Na primeira frase, *foi que* destaca a oração temporal: *quando ele voltou da Europa*. Na segunda, *é que* destaca a oração final: *para comprar um apartamento*.

Capítulo 29

Pontuação: uso da vírgula

Quando nos expressamos oralmente, nossa fala não sai de maneira uniforme, palavra por palavra, como se fôssemos robôs. Ao contrário, vamos "empacotando" o que dizemos em *grupos* entonacionais ou prosódicos. Esse empacotamento segue critérios sintáticos e tem efeitos semânticos e funcionais. Uma oração como "A enfermeira deu o remédio ao paciente" é pronunciada em um só bloco prosódico. Podemos representar esse bloco, graficamente, da seguinte maneira:

/ A enfermeira deu o remédio ao paciente. /

Se acrescentarmos uma oração temporal a essa oração, teremos de quebrar a ligação entonacional entre elas:

/ A enfermeira deu o remédio ao paciente / depois que os médicos entraram em acordo. /

É justamente essa quebra que deve ser assinalada, na escrita, por meio de uma vírgula:

A enfermeira deu o remédio ao paciente, depois que os médicos entraram em acordo.

As vírgulas são, pois, recursos gráficos que utilizamos para assinalar as quebras de ligação entonacional na escrita, determinadas pela organização sintática das frases. Vale insistir que essas quebras não são feitas de maneira aleatória. Esse "empacotamento sintático-prosódico", feito com vírgulas, favorece enormemente a compreensão, a legibilidade e determina, muitas vezes, o sentido daquilo que escrevemos.

Situações em que não se emprega a vírgula

Não há quebra de ligação entonacional entre o sujeito e o verbo e entre o verbo e seus complementos. É por isso que uma oração como "A enfermeira deu o remédio ao paciente" é pronunciada em um só bloco prosódico. Por esse motivo, não se coloca vírgula alguma, mesmo que um desses complementos apareça invertido, como em:

> Ao paciente a enfermeira deu o remédio.

Ao paciente é complemento (objeto indireto) do verbo *dar* e foi invertido. Apesar disso, não há vírgula.

Situações em que se usa a vírgula com adjuntos adverbiais

1. Adjuntos adverbiais em posição padrão

Adjuntos adverbiais, como vimos no capítulo 6, são aqueles que acrescentam ideia de modo, tempo, lugar, meio, instrumento etc. Sua posição padrão é no final da oração. Se acrescentássemos ao nosso primeiro exemplo um adjunto de tempo em posição padrão, teríamos:

> A enfermeira deu o remédio ao paciente *ontem*.

Quando há apenas um adjunto adverbial em posição padrão, como nesse caso, pode haver ou não quebra de ligação entonacional antes dele. Podemos dizer, pois:

> / A enfermeira deu o remédio ao paciente ontem. /

ou

> / A enfermeira deu o remédio ao paciente / ontem. /

Por esse motivo, quando existe um único adjunto adverbial em posição padrão, a vírgula é facultativa. Podemos escrever, portanto, "A enfermeira deu o remédio ao paciente ontem" ou "A enfermeira deu o remédio ao paciente, ontem". Imaginemos, agora, mais de um adjunto adverbial em posição padrão, nessa mesma oração:

> A enfermeira deu o remédio ao paciente ontem depois do jantar.

Nessa situação, teremos de fazer pelo menos uma quebra de ligação entonacional. Poderíamos fazer também duas, o que nos levaria às seguintes possibilidades:

1. A enfermeira deu o remédio ao paciente, ontem depois do jantar.
2. A enfermeira deu o remédio ao paciente ontem, depois do jantar.
3. A enfermeira deu o remédio ao paciente, ontem, depois do jantar.

Sempre que temos dois ou três adjuntos adverbiais em posição padrão, temos de separar pelo menos um deles, à nossa escolha. Podemos separar todos, também. Na escrita, fazemos isso por meio das vírgulas. É claro que essas escolhas alteram sutilmente a maneira como gerenciamos as informações sobre esses adjuntos. Na primeira frase, *ontem* e *depois do jantar* são entendidos "como informações novas", sendo *depois do jantar* a mais importante. Na segunda, apenas *depois do jantar* é a informação nova. Na terceira frase, tanto *ontem* como *depois do jantar* são entendidos como informações novas, de igual importância.

2. Adjuntos adverbiais fora da posição padrão

Os adjuntos adverbiais têm grande mobilidade dentro da oração. Podem ocupar praticamente qualquer posição e, quando se colocam fora da posição padrão, sempre provocam uma quebra de ligação entonacional, como podemos ver em:

/*Ontem* / a enfermeira deu o remédio ao paciente.
A enfermeira / *ontem* / deu o remédio ao paciente.
A enfermeira deu o remédio / *ontem* / ao paciente.

Por esse motivo, sempre que tivermos um adjunto adverbial fora de posição padrão – mesmo que seja apenas um –, devemos separá-lo por vírgula. As orações anteriores ficariam assim:

Ontem, a enfermeira deu o remédio ao paciente.
A enfermeira, *ontem,* deu o remédio ao paciente.
A enfermeira deu o remédio, *ontem,* ao paciente.

É por esse mesmo motivo que separamos também, por vírgula, a localidade nas datas. Exemplo:

São Paulo, 31 de janeiro de 2011

3. Quando os adjuntos adverbiais são orações

Os adjuntos adverbiais podem apresentar-se também sob a forma de orações adverbiais, como foi estudado no capítulo 26. Nesse caso, independentemente de posição, constituem blocos prosódicos independentes e, por esse motivo, devem ser separados por vírgula. Exemplos:

1. A enfermeira deu o remédio ao paciente, *quando o médico autorizou.*

2. *Quando o médico autorizou,* a enfermeira deu o remédio ao paciente.
3. A enfermeira deu, *quando o médico autorizou,* o remédio ao paciente.

Nesse caso, temos uma oração adverbial temporal.

E Deus ataca bonito, *se divertindo,* se economiza.[74]

No exemplo acima, *se divertindo* funciona como oração adverbial modal.

Um conciliador é alguém que alimenta um crocodilo, *esperando* ser devorado por último.[75]

No exemplo acima, *esperando* é uma oração adverbial causal.

4. Termos de mesma função não ligados por conjunção

Em uma enumeração, fazemos pausas com vírgula entre os itens enumerados. Exemplo:

Preciso comprar café, chá, açúcar.

É comum, antes do último elemento a ser enumerado, usar a conjunção *e* com a finalidade de indicar o final da lista. Desse modo, a oração anterior teria a seguinte versão:

Preciso comprar café, chá *e* açúcar.

---

[74] ROSA, Guimarães. *Grande sertão: veredas.* Rio de Janeiro: Nova Fronteira, 2006, p. 23.
[75] Frase atribuída a Winston Churchill. In: *Frases e pensamentos.* Disponível em: http://www.frasesepensamentos.com.br/frasesepensamentos/winstonchurchill.html. Acesso em: 10 jan. 2011.

Nas enumerações, não se usa vírgula antes de *e*. Entre orações coordenadas aditivas, também não se usa vírgula antes de *e*, se os sujeitos são os mesmos, como em:

Luísa saiu cedo de casa *e* só voltou à tarde.

Se os sujeitos forem diferentes, usamos a vírgula:

Luísa saiu cedo de casa, *e* o marceneiro se atrasou.

Muitas vezes, parece que uma vírgula está sendo usada antes do *e*, em situações como:

Os mísseis soviéticos foram retirados de Cuba, finalmente, e isso trouxe uma nova esperança de paz.

Nesse caso, contudo, a vírgula não está antes do *e*, mas depois do adjunto adverbial *finalmente*, fazendo par com a vírgula anterior, para separá-lo e assinalar que ele forma, por si só, um único bloco prosódico.

5. Quando os termos de mesma função são orações

Isso acontece quando temos orações coordenadas aditivas não ligadas por conjunção. Nesse caso, cada uma delas funciona como um bloco prosódico único e, por isso, são separadas por vírgulas.

Ia passando na praia, vi a viúva, a viúva na praia me fascinou.[76]

---

[76] BRAGA, Rubem. *Ai de ti, Copacabana*. 16ª ed. Rio de Janeiro: Record, 2004, p. 104.

6. Conjunções coordenativas deslocadas para o meio da oração

Algumas conjunções coordenativas, como vimos no capítulo 26, podem abandonar sua posição padrão (início da oração coordenada) e ocupar outras posições dentro da oração. Nesses casos, elas se destacam como um bloco prosódico autônomo e, por isso, devem ser separadas por vírgulas. Exemplos:

1. O sonho de todo atleta é participar de uma olimpíada; essa tarefa, *entretanto*, exige vocação e dedicação.
2. O sonho de todo atleta é participar de uma olimpíada; essa tarefa exige, *contudo*, vocação e dedicação.

7. Orações ou fragmentos de oração deslocados dentro de outra oração

Quando falamos ou escrevemos, às vezes intercalamos uma oração ou um fragmento de oração dentro de outra. Esses elementos formam um bloco prosódico independente dentro da oração em que foram inseridos e, por isso, devem ser separados por vírgulas. Exemplo:

A democracia, *é preciso lembrar*, admite diferenças de opinião.

8. Aposto explicativo

O aposto explicativo, como vimos no capítulo 13, é sempre pronunciado como um bloco prosódico independente, marcado pela entonação. Por esse motivo, aparece sempre entre vírgulas:

O Brasil, *país cinco vezes campeão do mundo*, ainda quer ganhar muitas outras copas.

9. Vocativo

O vocativo, esteja ele em posição inicial ou não, constitui um bloco prosódico único. Por esse motivo, deve ser separado por vírgula.

1. LADY ASTOR: Se você fosse meu marido, Winston, eu envenenaria o seu chá.
2. WINSTON CHURCHILL: E se eu fosse seu marido, Nancy, eu tomaria esse chá.[77]

10. Expressões explicativas ou de retificação

Expressões como *além disso, inclusive, isto é, a saber, aliás, com efeito* etc. formam blocos prosódicos destacados dentro da frase e, por esse motivo, são separadas por vírgulas na escrita. Exemplos:

1. Todos sabem, *aliás*, que esse jogador também defendeu o Grêmio.
2. O consumidor não deve endividar-se em demasia, *isto é*, deve ter controle absoluto do seu orçamento.

11. Orações adjetivas explicativas

Ao contrário das orações adjetivas restritivas, que se mantêm ligadas pela entonação às suas orações principais, as explicativas têm vida prosódica própria. Vejamos a diferença entre elas:

---

[77] Frase atribuída a Winston Churchill. In: *Pensador. Info*. Apresenta frases de personalidades históricas. Disponível em: http://pensador.uol.com.br/autor/honore_de_balzac/. Acesso em: 29 dez. 2011.

Oração restritiva

Os governantes [que costumam ser salvadores da pátria] gostam de fazer longos discursos.

A oração encaixada nesse período é restritiva porque atribui o fato de serem salvadores da pátria a uma parte restrita dos governantes. Não há quebra de ligação entonacional entre ela e a oração principal. Por esse motivo, não há vírgulas, na escrita, para separá-las.

Oração explicativa

Os governantes, [que costumam ser salvadores da pátria], gostam de fazer longos discursos.

Essa oração é explicativa, uma vez que o fato de serem salvadores da pátria é atribuído a todos os governantes. Nesse caso, há quebra da ligação entonacional entre a oração principal e a explicativa. Por esse motivo, essa oração é separada por vírgulas, na escrita.

12. Elipse do verbo

Por questão de economia, podemos omitir, em uma oração, um verbo que já apareceu em outra anterior. Esse fenômeno chama-se "elipse".

Uma mulher leva vinte anos para fazer de seu filho um homem – e outra mulher, vinte minutos para fazer dele um tolo.[78]

---

[78] Frase atribuída a Helen Rowland. In: *Frases sobre filhos*. Disponível em: http://www.sitequente.com/frases/filhos.html. Acesso em 29/12/2011.

Subentende-se, na segunda oração do período, o verbo *levar*: – e outra mulher [***leva***] vinte minutos para fazer dele um tolo. Mas, como esse verbo não aparece fisicamente nessa oração, essa ausência fica assinalada por uma quebra de ligação entonacional que, na escrita, deve ser assinalada por uma vírgula. Quando o verbo omitido na oração seguinte assume forma diferente daquela da oração anterior, a elipse recebe o nome de "zeugma", como em:

Ele comprou duas toalhas e eu, três.

Subentende-se, na segunda oração, a forma *comprei*, diferente de *comprou*.

Emprego do ponto e vírgula

O ponto e vírgula indica, na escrita, uma quebra entonacional de maior duração do que a indicada pela vírgula. Isso acontece, geralmente, em trechos longos, para separar grandes blocos prosódicos que podem ter, dentro de si, outros blocos menores separados por vírgula. Exemplo:

Atrás de todo homem bem-sucedido, existe uma mulher; atrás desta, existe a mulher dele.[79]

Há, nesse dito, dois grandes blocos entonacionais:

/ Atrás de todo homem bem-sucedido, existe uma mulher /
/ atrás desta, existe a mulher dele /

Dentro de cada um deles, há dois sub-blocos:

---

[79] Frases atribuídas a Groucho Marx. In: *Frases famosas*. Disponível em: http://frasesfamosas.com.br/de/groucho-marx.html. Acesso em 29 dez. 2011.

/ existe uma mulher /
/ existe a mulher dele /

Nesse caso, a vírgula serve para separar aquilo que está dentro de cada um dos blocos, e o ponto e vírgula, indicando uma pausa maior, tem a função de separar os dois blocos.

O ponto e vírgula serve também para separar itens enumerados em linhas diferentes, dentro de um documento. Exemplo:

Art. 89. A sinalização terá a seguinte ordem de prevalência:

I – *as ordens do agente de trânsito sobre as normas de circulação e outros sinais;*
II – *as indicações do semáforo sobre os demais sinais;*
III – *as indicações dos sinais sobre as demais normas de trânsito.*[80]

O final da enumeração é assinalado com ponto final.

Como Eu Ensino

O professor poderá discutir com os alunos a função das vírgulas em pequenos textos distribuídos a eles. Deverá, também, pedir que os alunos escrevam pequenos textos e comentar a pontuação deles, coletiva ou individualmente, justificando as pontuações corretas e corrigindo as erradas. Poderá, também, aplicar exercícios como o seguinte:

---

[80] BRASIL. *Código de Trânsito Brasileiro*. Instituído pela Lei no 9.503, de 23 set. 1997. Brasília: Denatran, 2008, p. 29. Disponível em: http://www.denatran.gov.br/publicacoes/download/CTB_E_LEGISLACAO_COMPLEMENTAR.pdf. Acesso em: 10 jan. 2011.

Coloque vírgulas, quando necessário:

1. A Continental fabricante de fogões foi comprada pela Bosh.
2. Aos noivos os padrinhos deram uma geladeira.
3. Ser feliz consiste em gozar o máximo de felicidade sem diminuir a felicidade dos outros.
4. O Gol um dos carros mais vendidos no Brasil sofreu várias modificações desde o seu lançamento.
5. Antes de começar é importante entender pois como as informações são inseridas no computador.
6. Quase sempre adiamos a vida deixando de dar atenção ao momento.
7. As religiões prometendo infernos para além deste mundo foram mais inventivas do que Deus.
8. Laura sua bolsa está aberta.
9. O ministro disse aos empresários que os juros vão cair.
10. O homem que é racional saberá conviver melhor com seu semelhante.

Solução:

1. A Continental, fabricante de fogões, foi comprada pela Bosh.
2. Aos noivos os padrinhos deram uma geladeira.
3. Ser feliz consiste em gozar o máximo de felicidade, sem diminuir a felicidade dos outros.
4. O Gol, um dos carros mais vendidos no Brasil, sofreu várias modificações desde o seu lançamento.
5. Antes de começar, é importante entender, pois, como as informações são inseridas no computador.
6. Quase sempre adiamos a vida, deixando de dar atenção ao momento.
7. As religiões, prometendo infernos para além deste mundo, foram mais inventivas do que Deus.
8. Laura, sua bolsa está aberta.

9. O ministro disse aos empresários que os juros vão cair.
10. O homem, que é racional, saberá conviver melhor com seu semelhante.

Capítulo 30

Uso do acento grave da crase

Uma dúvida que atrapalha a vida de muita gente é saber quando colocar aquele acento grave (`) sobre uma vogal *a*. Comecemos, primeiramente, a entender o que significa *crase*. Crase é a fusão de duas vogais iguais em uma só vogal. Isso aconteceu em várias palavras da língua portuguesa. Uma palavra como *cor*, por exemplo, era pronunciada em Portugal, lá pelo século XII, *color*. Tempos depois, desapareceu o *l* e a pronúncia passou a ser *coor*. Mais algum tempo, lá pelo século XIV, houve a fusão, ou crase, dos dois *os* e ficamos com a forma atual *cor*. Apesar disso, temos ainda hoje o adjetivo *colorido*, em que subsiste a antiga forma *color*.

A crase de que vamos falar aqui não acontece dentro de uma palavra, mas dentro de uma oração, quando duas vogais *as* se encontram em circunstâncias especiais. Imaginemos, inicialmente, uma oração como:

Juliana deu um presente a o namorado.

À primeira vista, você pode pensar que houve um erro de digitação, deixando a preposição *a* separada do artigo *o* e sugeriria que isso fosse consertado da seguinte maneira:

Juliana deu um presente *ao* namorado.

De fato, você tem razão! A preposição *a* e o artigo *o*, quando se encontram em uma oração, formam uma unidade fonética e isso é representado na escrita, escrevendo-se ambos em uma só palavra. Mas, e se em vez do artigo *o*, nós tivéssemos o artigo *a*? Será que escreveríamos alguma coisa como:

Juliana deu um presente *aa* irmã mais nova.

Sabemos que não. O que acontece é justamente a crase. Os dois *as* se reduzem foneticamente a um só, e, para assinalar esse fato na escrita, colocamos sobre o *a* restante um acento grave:

Juliana deu um presente *à* irmã mais nova.

É por esse motivo que não tem muito cabimento falar em emprego da crase. O certo é falar em emprego do acento grave para indicar crase.

De tudo isso que foi dito, podemos concluir que esse acento grave somente é utilizado quando duas condições necessárias estiverem presentes:

1ª condição: existir uma palavra, à esquerda do *a*, que exija a preposição *a*;

2ª condição: existir uma vogal *a* à direita dessa preposição, normalmente representada pelo artigo *a*.

Acontecendo essas duas condições, os dois *as* (preposição *a* + artigo *a*) sofrerão crase, reduzindo-se a um *a* apenas, e teremos, portanto, de colocar sobre ele o acento grave.

Quando dizemos "Eu fui a Brasília", não usamos o acento grave da crase porque falta a segunda condição: Brasília não exige artigo. Dizemos, normalmente, "Brasília é a capital do Brasil" e não "A Brasília é a capital do Brasil". Quando dizemos, porém, "Eu fui à Bahia", usamos o acento da crase, porque temos também a segunda condição. Dizemos, normalmente, "A Bahia é um dos mais belos estados brasileiros".

A segunda condição pode ser preenchida também pela primeira vogal do pronome demonstrativo *aquele, aquela, aqueles, aquelas*, como em: "Enviei convites àqueles professores de inglês". Ninguém diria ou escreveria "Enviei convites a aqueles professores de inglês".

Podemos, neste momento, concluir que não existe crase e, portanto, não existe acento grave antes de:

a) substantivo masculino:
1. Os povos antigos andavam a *cavalo*.
2. Muitas lojas vendem a prazo.

b) verbo:
Ela continuava a *examinar* os relatórios.

c) artigo indefinido:
Ontem, fui a *uma* festa.

d) expressões de tratamento como Vossa Excelência, Vossa Senhoria:
Escrevi uma carta a *Vossa Excelência*.

De fato, nunca ouvimos, por exemplo, um deputado dizer a outro, em plenário, uma frase como: "A Vossa Excelência permite um aparte?" Ele diria, sim: "Vossa Excelência permite um aparte?" Em todos os casos acima, falta a segunda condição.

A mesma coisa acontece com a palavra *terra* com significado oposto a *bordo*. Os marinheiros que ficavam no alto do mastro de uma embarcação, quando avistavam terra, diziam "– Terra à vista!" e não "– A terra à vista!" Logo, teremos de escrever sem o acento grave da crase:

Em 26 de abril de 1500, os marinheiros da esquadra de Cabral desceram *a terra* para assistir à primeira missa em território brasileiro.

Às vezes, a segunda condição é facultativa. Isso acontece com os substantivos próprios e com os pronomes possessivos. Antes dessas palavras, o artigo definido é facultativo. Tanto podemos dizer "Marta é uma excelente garota", como "A Marta é uma excelente garota". Podemos dizer igualmente "Sua tia telefonou ontem" ou "A sua tia telefonou ontem". Por esse motivo, podemos escrever, igualmente:

1. Enviei uma carta *a/à* Marta.
2. Telefonei ontem *a/à* sua tia.

Algumas vezes, a segunda condição, embora normalmente não exista, pode passar a existir. Ninguém diz, por exemplo, "Vim da casa agora", mas "Vim de casa agora", ou seja, a palavra *casa*, no sentido de lar onde moramos, não admite o uso do artigo. Por esse motivo, dizemos "Voltei a casa, para pegar minha pasta", sem o acento grave da crase. Basta, entretanto, que essa palavra apareça modificada por uma expressão para passar a admitir artigo e, em consequência disso, admitir o acento da crase, como ocorre em "Hoje fui à casa da Débora".

A mesma coisa acontece com os nomes de países e cidades. Vimos, há pouco, que Brasília não admite artigo. Mas, se modificarmos Brasília por uma expressão, passará a admiti-lo. Podemos dizer, por exemplo, que "A Brasília de JK era bem menor que a atual". Logo, teremos de escrever "Uma vez, fui à Brasília de JK".

Outro caso semelhante é o da palavra *distância*, que, se estiver sozinha, não admite artigo, mas que, se estiver modificada por uma expressão que a explicite, passa a admiti-lo, preenchendo a segunda condição para o acento da crase. Diremos, portanto, "Vi um suspeito a distância", mas "Vi um suspeito à distância de 100 metros".

Acento da crase em locuções

Existe crase e, consequentemente, o acento da crase em locuções como: à noite, à custa de, às três horas, à uma hora.

Observação: o *uma,* de *uma hora,* não é artigo indefinido, mas numeral, por isso pode ser precedido de artigo, provocando a existência da segunda condição da crase.

Algumas vezes, parte da locução está apagada, mas, apesar disso, mantemos o acento da crase como em "Comemos arroz à provençal" (=Comemos arroz à moda provençal).

Sugestão didática

O professor poderá discutir os motivos do emprego do acento da crase em textos distribuídos aos alunos. Poderá, também, aplicar exercícios como o que segue:

Exercício

Nas frases abaixo, indique a crase, quando houver as duas condições necessárias, por meio do acento grave:

1. Devemos ceder **a** tentação; pode ser que ela não apareça outra vez.
2. Há pessoas que compram **a** fama e outras que se vendem **a** ela.
3. **A** felicidade não é o pão, mas o sonho que oferecemos **as** pessoas.
4. Cheguei **a** estação **a** uma hora.
5. Guimarães Rosa ficava horas **a** conversar com **as** pessoas do sertão.
6. Solicito **a** V. Exª **a** gentileza de me dispensar da reunião do dia 10.

7. Os monarcas absolutos viam os problemas do povo **a** distância.
8. Os marinheiros de Colombo desceram **a** terra **as** 10 horas da manhã.
9. As propostas deverão ser enviadas **a** redação.
10. O sindicato enviou uma convocação **a** minha secretária.

Solução

1. Devemos ceder **à** tentação; pode ser que ela não apareça outra vez.
2. Há pessoas que compram **a** fama e outras que se vendem **a** ela.
3. **A** felicidade não é o pão, mas o sonho que oferecemos **às** pessoas.
4. Cheguei **à** estação **à** uma hora.
5. Guimarães Rosa ficava horas **a** conversar com **as** pessoas do sertão.
6. Solicito **a** V. Ex.a. **a** gentileza de me dispensar da reunião do dia 10.
7. Os monarcas absolutos viam os problemas do povo **a** distância.
8. Os marinheiros de Colombo desceram **a** terra **às** 10 horas da manhã.
9. As propostas deverão ser enviadas **à** redação.
10. O sindicado enviou uma convocação **a** (ou **à**) minha secretária.

Capítulo 31

Escrever criativamente: projeções e figuras

Um texto informativo é aquele que nos diz aquilo que desconhecemos, acrescentando algo importante ao nosso repertório. Isso faz com que seu julgamento seja um tanto subjetivo. Afinal, um texto bastante elucidativo para o homem comum sobre células-tronco pode ser redundante para um especialista em genética. Um texto criativo é aquele capaz de apresentar um ponto de vista diferenciado, capaz de nos surpreender pela maneira como trata um assunto. Em função disso, seu julgamento tende a ser menos subjetivo e mais universal.

Uma das maneiras de escrever um texto criativo, mesmo argumentativo, é saber contar histórias, fazendo projeções sobre o tema tratado. Outra é ser capaz de trabalhar com as figuras de linguagem.

Comecemos pelas histórias. Veja como o grande escritor israelense Amós Oz, indicado várias vezes ao Prêmio Nobel, nos fala do fanatismo:

> *Vou contar uma história à guisa de digressão. Sou famoso por minhas digressões. Um querido amigo e colega, o maravilhoso romancista israelense Sammy Michael, teve, certa vez, a experiência, que todos temos de vez em quando, de fazer um longo trajeto entre cidades com um motorista que estava fazendo a preleção habitual de como é urgente para nós judeus matar todos os árabes. E Sammy ouvia o homem e, em vez de gritar "Que homem terrível é você, você é nazista, fascista?", decidiu lidar com a situação de modo diferente. Perguntou ao motorista: "E quem você acha que deveria matar todos os árabes?" O motorista respondeu: "O que você quer dizer com isso? Nós! Os judeus israelenses! Temos*

a obrigação! Não há escolha, basta olhar o que eles estão nos fazendo todos os dias!" "Mas quem exatamente você pensa que deveria levar a cabo essa tarefa? A polícia? Ou, talvez o exército? Ou o corpo de bombeiros? Ou as equipes médicas? Quem deve realizar a tarefa?" O motorista coçou a cabeça e disse: "Acho que deveria ser dividido por igual entre todos nós, cada um de nós deveria matar alguns deles". Sammy Michael, continuando a jogar o jogo, disse: "OK, suponha que você seja designado para um certo quarteirão residencial em sua cidade natal de Haifa e bata em todas as portas, ou toque a campainha, perguntando: 'Desculpe-me, senhor, ou desculpe-me senhora, por acaso você é árabe?' Se a resposta for sim, você atira neles. Em seguida você chega ao fim de seu quarteirão e pretende ir para casa, mas, justamente quando se dirige ao seu destino, ouve um bebê chorando num quarto andar de algum edifício. Você voltaria lá e atiraria neste bebê? Sim ou não?" Houve um momento de silêncio, e então o motorista disse a Sammy Michael: "Sabe, você é um homem muito cruel".

Creio que a essência do fanatismo reside no desejo de forçar as outras pessoas a mudarem. A inclinação comum de melhorar seu vizinho, de consertar seu cônjuge, de guiar seu filho ou de endireitar seu irmão, em vez de deixá-los ser. O fanático é uma criatura bastante generosa. É um grande altruísta. Frequentemente, o fanático está mais interessado em você do que nele próprio. Ele quer salvar sua alma, quer redimi-lo, quer libertá-lo do pecado, do erro, do fumo, de sua fé ou de sua falta de fé, quer melhorar seus hábitos alimentares ou curá-lo de seus hábitos de bebida ou de voto. O fanático importa-se muito com você, ele está sempre ou se atirando no seu pescoço, porque o ama de verdade, ou apertando sua garganta, caso você prove ser irrecuperável.[81]

---

[81] OZ, Amós. *Contra o fanatismo*. Tradução de Denise Cabral. 3ª ed. Rio de Janeiro: Ediouro, 2004, p. 24-26.

Veja que o autor, em vez de argumentar apenas tecnicamente sobre o fanatismo, inicia seu texto por uma história em que procura demonstrar a fragilidade de um fanático.

As histórias nos acompanham desde as épocas pré-históricas. Era por meio delas que nossos ancestrais aprendiam, à noite, em volta da fogueira, ouvindo relatos dos companheiros. O primeiro pedagogo surgiu contando histórias. Um dos usos mais eficazes que se faz com as histórias é empregá-las como parábolas, projetando-as sobre a tese que queremos defender. Foi o que fez Amós Oz nesse texto.

É muito comum a projeção de histórias em parábolas morais. Veja como se organiza uma delas.

História

Alguns monges passeavam por uma trilha próxima a um riacho, quando um deles viu um escorpião que se afogava. Imediatamente, aproximou-se da margem e tentou salvá-lo, mas foi picado e teve de afastar a mão do inseto. Pegou, então, um ramo de árvore que se achava perto e, com ele, conseguiu retirar o escorpião, salvando-lhe a vida.

Projeção dessa história como parábola

Revoltado, um dos monges lhe disse: – Não entendo! O animal picou você. Por que você não o deixou morrer? Seria um a menos, você não acha?

Olhando o jovem monge revoltado dentro dos seus olhos, o outro respondeu: – Ele apenas seguiu a sua natureza; e eu, a minha.

Duas importantes figuras de linguagem

1. A metáfora

Entre as figuras de linguagem, surge, com enorme destaque, a metáfora. Durante muito tempo essa figura foi vista como um trunfo da literatura ou da retórica. Nos dias de hoje, a moderna ciência cognitiva já demonstrou que ela faz parte da vida cotidiana até mesmo das pessoas mais simples. De fato, não é incomum ouvir, de uma pessoa que chegou cansada ao fim do dia, uma expressão como: "Estou completamente quebrada! Parece que passou um trator por cima de mim!" Ou, de uma pessoa que acaba de sofrer um desapontamento amoroso: "Ele triturou a minha alma, deixou em pedaços minha vontade de viver!" Ou ainda: "Não vou votar nesse candidato, pois não voto em poste".

Do ponto de vista técnico, a metáfora surge quando alguém consegue "experienciar" uma coisa por meio de outra coisa, pela projeção de um domínio de origem sobre um domínio-alvo. Vejamos a seguinte fala de Iago dirigida a Otelo, na famosa tragédia de Shakespeare:

> *IAGO: Um nome imaculado, caro senhor, para a mulher e o homem é a melhor joia da alma. Quem da bolsa me priva, rouba-me uma ninharia; é qualquer coisa, nada; pertenceu-me, é dele, escravo foi de mil pessoas. Mas quem do nome honrado me espolia, me priva de algo que não o enriquece, mas me deixa paupérrimo.*[82]

Temos aí duas metáforas:
Um nome imaculado é a melhor joia da alma.
A bolsa (=dinheiro) foi escravo de mil pessoas.

---

[82] SHAKESPEARE, William. *Otelo*. Tradução de Onestaldo de Pennafort. Rio de Janeiro: Relume Dumará, 1995, p. 111. Edição bilíngue. Trecho adaptado pelo autor (o original está em verso).

Domínio de origem →	Domínio-alvo
joia	nome imaculado
escravo	bolsa (=dinheiro)

Por meio dessas duas projeções, o autor materializa um nome imaculado em uma joia e transforma o dinheiro em um ser vivo, um escravo.

Khalil Gibran (1883-1931), escritor de origem libanesa radicado nos Estados Unidos, escreveu um famoso livro intitulado *O profeta*, em que emprega metáforas criativas de grande plasticidade. Eis algumas delas[83]:

Sobre razão e paixão

Vossa razão e vossa paixão são o leme e as velas de vossa alma navegante.
Se vossas velas ou vosso leme se quebrarem, só podereis balançar à deriva ou ficar parados no meio do mar.
Pois se a razão governar sozinha, será uma força limitadora; e uma paixão ignorada é uma chama que arde até sua própria destruição. [p. 75, adaptado]

Sobre os filhos

Os vossos filhos não são vossos filhos. São filhos e filhas do desejo da Vida por si mesma. [...]
Podeis tentar ser como eles, mas não tenteis fazê-los como vós.
Pois a vida não caminha para trás nem se demora com o ontem.
Vós sois os arcos dos quais vossos filhos são arremessados como flechas vivas. [p. 43, adaptado]

---

[83] GIBRAN, Khalil, *O Profeta*. São Paulo: Martin Claret, 2004.

Sobre o trabalho

Quando trabalhais sois uma flauta através da qual o sussurro das horas torna-se música.
Qual de vós quereria ser um junco surdo e silencioso, quando tudo em volta canta em uníssono? [p. 51]

Sobre a beleza

Todas estas coisas vós dissestes da beleza, todavia, em verdade, não falastes dela, mas de carências insatisfeitas.
A beleza, contudo, não é uma carência, mas um êxtase. Não é uma boca sedenta nem uma mão que se estende vazia, mas antes um coração inflamado e uma alma encantada. Não é a imagem que quereis ver, nem a canção que quereis ouvir, mas, antes, uma imagem que vedes com os olhos fechados e uma canção que ouvis com os ouvidos tapados. [p. 100, adaptado]

2. A metonímia

Este é outro processo cognitivo que nos permite, do ponto de vista do enunciador, projetar um todo numa parte e, do ponto de vista do interlocutor, reprojetar a parte no todo, recuperando a informação original. A metonímia é, por certo, um dos principais processos de integração conceptual da espécie humana. Explico: quando estou sentado a uma mesa, à frente de outra pessoa, consigo ver apenas seu tronco e seus braços. Dentro da minha mente, entretanto, projeto o tronco e os braços, que vejo, no todo que é a pessoa inteira e concluo que é ela inteira que se acha do outro lado da mesa. Trata-se de um processo de *integração conceptual*. Da mesma forma, ao ver a pegada de um animal na floresta, nosso ancestral, sendo capaz de projetar essa parte (a pegada) no todo (animal), integrando as duas coisas, podia concluir se se tratava de algo que pudesse caçar e daí garantir seu sustento, um coelho, por exemplo; ou se se tratava de um predador, um lobo, por exemplo, de quem tivesse de manter uma prudente distância.

Na linguagem diária, fazemos uso constante da metonímia, quando dizemos que "o Itamaraty é contra a decisão da ONU", ou que "Brasília espera uma resposta positiva de São Paulo, no caso da redução de impostos", projetando edifícios e cidades em instituições e governos. Esquematizando:

Domínio de origem →	**Domínio-alvo**
Itamaraty	Ministério das Relações Exteriores
Brasília	Governo Federal
São Paulo	Governo de São Paulo

A metonímia pode também ser usada de maneira criativa. Veja o seguinte exemplo, novamente do *Otelo* de Shakespeare:

OTELO – Ide, alferes, buscá-la, pois sabeis onde ela se acha.

(Saem Iago e alguns criados.)

E enquanto ela não vem, quero, com a mesma lealdade com que ao céu confesso as faltas do meu sangue, contar a esses ouvidos severos como pude apaixonar-me dessa donzela e ser por ela amado.[84]

---

[84] *Idem*, p. 32. Trecho traduzido pelo autor. No original: "Othello: Ancient, conduct them, you best know the place/ [Exeunt Attendants and IAGO]/ And till she come, as faithful as to heaven/ I do confess the vices of my blood,/ So justly to your grave ears I'll present/ How I did thrive in this fair lady's love,/ And she in mine".

Trata-se da cena em que Otelo está sendo julgado pelo doge de Veneza, a pedido do pai de Desdêmona, por lhe ter seduzido a filha. Há aí duas metonímias: *sangue* e *ouvidos severos*.

Domínio de origem →	Domínio-alvo
faltas do sangue	cor (raça) negra de Otelo
ouvidos severos	juízes da corte de Veneza

Por meio da metonímia do *sangue* (segundo a crença e os preconceitos da época), Otelo materializa sua cor negra como um defeito que deve ser confessado ao céu e, por meio de *ouvidos severos*, põe foco na importância e rigidez dos juízes de Veneza.

A metonímia é empregada largamente nos anúncios publicitários. Veja o seguinte anúncio de um perfume masculino:

O perfume, com o nome em destaque, aparece como parte de uma cena maior que é o beijo amoroso entre um jovem e uma bela mulher. Quem segura o vidro de perfume é a mulher. A intenção do anunciante é que, projetando / integrando o perfume (parte) no todo (conquista amorosa), o consumidor compre o perfume, adquirindo, no seu imaginário, a oportunidade de conquistar uma bela garota como a da imagem.

Como eu ensino

O professor pode pedir aos alunos que identifiquem projeções de parábola, metáforas e metonímias em textos da mídia. Pode pedir também que escrevam textos dissertativos sobre temas diversos, como auxiliar amigos, vencer preconceitos, superar desafios, utilizando pequenas histórias como ilustração. Poderá ainda pedir a eles que descrevam alguma pessoa conhecida a partir de algum traço particular, como modo de andar, falar, se vestir etc.

Capítulo 32

Nova ortografia: o que mudou

Ortografia é a maneira correta de escrever as palavras de uma língua, de acordo com uma convenção. É pura ilusão achar que as pessoas poderiam escrever do jeito que falam. Como sabemos, há pronúncias diferentes, dependendo da região de que provém o falante. Onde um paulistano pronuncia "festa", um carioca pronuncia "fexta". Será que seria útil termos essa dupla ortografia em português? E quando as palavras são combinadas na frase? Quando dizemos "velhos tempos", isto soa [vélhus têmpus]. Mas, quando dizemos "velhos amigos", isto soa [vélhuz amígus]. Será que seria útil mudarmos a escrita de "velhos", escrevendo ora com *s*, ora com *z*? Como se vê, não podemos fugir a uma convenção.

Mas, como é que surgiu o sistema ortográfico atual do português? Até o século XVI, não havia propriamente uma convenção. A pronúncia, sobretudo a dos nobres da corte portuguesa, exercia influência sobre a forma de escrever, e nós acabamos de ver o resultado de uma coisa dessas: total falta de uniformidade. Entre o século XVI e o início do século XX, surgiu o costume de procurar escrever de acordo com a origem da palavra. É nessa época que se escreviam palavras como *chimica, theologia, pharmacia, philosophia*. O inglês e o francês ainda hoje usam esse tipo de ortografia. Veja como se escrevem essas palavras nessas línguas:

Inglês: Chemistry, theology, pharmacy, philosophy.
Francês: Chimique, théologie, pharmacie, philosophie.

Finalmente, no início do século XX, foram iniciados esforços para conseguir um sistema ortográfico que, abrangendo Brasil e Portugal, pudesse ser seguido de maneira uniforme, nas repartições governamentais e nas escolas. Após muitos anos de tentativa, surgiu o Acordo Ortográfico de 1943, que, conforme a Lei nº 2623, de 21 de outubro de 1955, passou a ser obrigatório em todo o território nacional. A esse acordo foram incorporadas pequenas alterações por meio da Lei nº 5765, de 18 de dezembro de 1971, e outras, por meio do Decreto Lei 6.583/08 de 30 de setembro de 2008, que entrou em vigor em 1º de janeiro de 2009, unificando a grafia de todos os povos falantes da língua portuguesa no mundo. Trata-se de um sistema ortográfico construído entre um meio-termo entre pronúncia e etimologia (origem das palavras). Dessa maneira, não é possível estabelecer regras fixas e imutáveis.

A melhor maneira de conseguir escrever corretamente as palavras é, em caso de dúvida, consultar um bom dicionário. Ler também ajuda. Quem lê muito acaba educando-se em termos ortográficos. Há, contudo, algumas orientações práticas que podem ser seguidas. Aqui vão elas:

1. Uma palavra se escreverá com sufixo es/esa se for derivada de substantivo:

Substantivo	→	Substantivo derivado
campo		camponês
príncipe		princesa
burgo		burguês
barão		baronesa

2. Uma palavra se escreverá com sufixo ez/ eza, se for derivada de adjetivo:

Adjetivo →	Substantivo derivado
limpo	limpeza
claro	clareza
embriagado	embriaguez
sensato	sensatez

3. Palavras derivadas em *ar*, escrevem-se com *s* se já possuírem *s* no radical:

análise	analisar
parálise	paralisar
liso	alisar
pesquisa	pesquisar

4. Palavras derivadas em izar:

real	realizar
agonia	agonizar
ameno	amenizar
final	finalizar

5. As palavras da mesma família, em geral, escrevem-se com a mesma letra:

Alto-falante se escreve com *l* porque é da família de alto, altura, altitude, altivo, altaneiro.

Automóvel (do grego *autos* = por si próprio) se escreve com *u* porque se associa a palavras como: autobiografia, autografar, autoconfiança, automedicação.

Gracioso se escreve com *c* porque pertence à família de graça, agraciar, engraçado, desgraça, gracejo.

Medicina se escreve com *c* porque pertence à mesma família de médico, medicamento, medicar, medicinal, medicação.

Pretensioso se escreve com *s* porque pertence à família de pretensão, pretenso, pretensiosamente.

Trás se escreve com *s* e também as outras da mesma família, como atrás, traseira e atrasado.

6. Apresentamos, a seguir, uma relação de palavras em que geralmente existe dúvida quanto à grafia:

à beça
abajur
abdome
abrasar
adolescente
aerossol
alcoólatra
álibi
antessala
anteprojeto
arrasar
aterrissagem
atrás
atraso
azia
banquisa
bávaro
bege
beneficência
berinjela
bílis
boate

ab-rogar
abalizado
abóbada
abscesso
aduzir
alçapão
aleijado
analisar
antediluviano
aprazível
ascensão
aterrissar
atrasar
através
baliza
batavo
bazuca
bem-vindo
beneficente
bijuteria
bissexto
bombom

brasa
bueiro
buzina
cabeleireiro
cachê
cáften
cãibra
carcaça
cassetete
catequese
catorze
chocho
cinquenta
colmeia
contato
contracheque
cortesia
cozinha
curtume
deslize
detectar
discriminar
docente
écloga
eletricista
empecilho
enfisema
entronizar
enxaqueca
escassez
espontaneidade
esposar
estrambótico
estupro
exceção
excesso
exegese

brasão
bússola
búzios
cabine
cacho
caftina
caixote
casimira
cataclismo
catequizar
cetim
chuchu
circuito
concessão
contraoferta
contramão
coxão-mole
crisântemo
déficit
destilado
discente
displicência
dúplex
eczema
elucubração
encapuzado
engabelar
enviesar
enxurrada
espezinhar
espontâneo
espúrio
estrangeiro
etéreo
excelso
excursão
expectativa

êxtase	extorsão
extravasar	fac-símile
faccioso	farsa
fascículo	fascinar
faxina	feixe
flecha	fleuma
florescer	fluido
focinho	franqueza
franzino	frisar
friso	fuselagem
fuso	gangue
garagem	gás
giclê	giz
gorjear	gozar
granjear	guisado
hábitat	herbívoro
herege	heresia
hesitar	holerite
incrustação	incrustar
inexorável	insosso
irrequieto	isenção
jiboia	jiló
jus	laje
lambuzar	látex
lato sensu	lazer
lêvedo	lilás
limusine	lisonjear
losango	lúcifer
madeireira	magnificência
mágoa	maionese
maisena	majestade
maquilagem / maquiagem	
maquilar / maquiar	
maquinaria / maquinário	
meteorologia	misto
monge	muçarela
obcecado	obsessão

nuança
paçoca
pajem
para-choque
paraquedas
paralisia
pérgula
pesquisar
piche
poleiro
pretensioso
prezado
privilégio
pusesse
quisesse
rasura
recorde
rejeitar
ressarcir
rodízio
salsicha
somatório
superávit
tabuada
tessitura
torácica
traslado
ultraje
úmido
vaselina
vazio
viajar
vitrine
vodu
xampu
xícara

opróbrio
pajé
para-brisa
para-lama
paralisar
pátio
perturbação
pichar
pireneus
pretensão
prevenir
primazia
puser
quiser
raso
rebuliço
reivindicar
represa
revezar
safári
silvícola
stricto sensu
sutiã
terraplenagem
tigela
transcendência
tríplex
umedecer
vagem
vazar
venéreo
viagem
vizinho
vultoso
xeque
xingar

7. Emprego do hífen nas palavras compostas e nas palavras derivadas por prefixo

Hífen nas palavras compostas

Os elementos das palavras compostas por justaposição são normalmente separados por hífen, incluindo-se aquelas em que o primeiro elemento é reduzido. Exemplos:

> austro-húngaro,
> mestre-sala,
> porta-bandeira,
> grã-cruz.

Quando a palavra é composta por aglutinação, essa separação, em geral, não acontece:

> pontapé, vaivém.

Quando um dos elementos não tem mais autonomia sintática, a palavra composta não tem seus elementos separados por hífen. Exemplo:

> benquisto.

Não podemos, por exemplo, separar *quisto* de *bem* e dizer uma frase como:

> Ele tem *quisto* candidatar-se a deputado.

A forma usual seria *querido*:

> Ele tem *querido* candidatar-se a deputado.

O contrário acontece na palavra *bem-vindo*, pois ambos os elementos mantêm sua autonomia. Podemos dizer: "Ele é um homem de *bem*", "Ele tem *vindo* muito a São Paulo".

Hífen com prefixos

A reforma ortográfica que passou a viger em 1º de janeiro de 2009 estabelece as seguintes orientações em relação ao uso / não uso de hífen com prefixos:

a) Sempre se usa hífen antes de *h*:

- anti-higiênico, super-herói.

b) Prefixo terminado em vogal:

- Sem hífen, se a palavra seguinte principiar por vogal diferente: autoescola, antiácido.
- Com hífen, se a palavra seguinte principiar por vogal igual à vogal final do prefixo: contra-ataque, micro-ônibus, anti-inflamatório.
- Sem hífen, se a palavra seguinte principiar por consoante: anteprojeto, autogestão. Caso a consoante seja *r* ou *s*, ela deve ser dobrada: antirreligioso, extrassístole.

c) Prefixo terminado em consoante:

- Com hífen, diante da mesma consoante: inter-racial, inter-regional, sub-bibliotecário.
- Sem hífen, se a palavra seguinte principiar por consoante diferente: intervocálico, supersônico.
- Sem hífen, se a palavra seguinte principiar por vogal: interurbano, superinteressante.

8. Acentuação gráfica

Palavras tônicas e palavras átonas

A maior parte das palavras do português tem uma de suas sílabas pronunciada com uma força expiratória maior, chamada acento tônico. Assim é que palavras como mesa, livro, armário, lâmpada têm acento tônico nas seguintes sílabas: **me**sa, **li**vro, ar**má**rio, **lâm**pada. Algumas poucas palavras não têm acento tônico. São, por esse motivo, chamadas de palavras átonas. Isso acontece, por exemplo, com o pronome *me*, em uma frase como: "Ele *me* deu seu recado". Pronunciando essa frase, você verá que o *me* se apoia foneticamente no acento tônico de *deu*, formando com ele uma unidade fonética. É como se pronunciássemos assim: Ele *medeu* seu recado, ou até mesmo às vezes: Ele *m'deu* seu recado.

Posição do acento tônico em português

Em português, o acento tônico pode cair na última sílaba, como em ca**fé**, na penúltima sílaba, como em **me**sa, ou na antepenúltima sílaba, como em **lâm**pada. As palavras que têm acento na última sílaba são chamadas "oxítonas", as que têm acento na penúltima sílaba, "paroxítonas", e as que têm acento na antepenúltima sílaba, "proparoxítonas". Exemplos:

ca**fé** = oxítona
mesa = paroxítona
lâmpada = proparoxítona

Normalmente, não temos problema algum com a pronúncia dos acentos tônicos. A memorização das palavras inclui a memória da sílaba tônica. Existem, entretanto, algumas palavras que costumam oferecer problemas nesse sentido. Por esse motivo, vai aqui uma lista delas:

    ar**í**ete (artefato para derrubar muralhas)
    ru**im**
    filan**tro**po
    i**be**ro
    maquina**ria**
    a**va**ro (apegado ao dinheiro)
    lêvedo (fermento)
    ímprobo (desonesto)
    zênite (lugar mais alto do céu, auge)
    álibi (justificativa de presença em lugar diferente de um crime)
    ae**ró**lito (meteorito)
    in**tu**ito
    ae**rós**tato (balão, veículo mais leve que o ar)
    acro**ba**ta
    desva**ri**o (ato de loucura)
    ômega (letra do alfabeto grego)
    ba**ta**vo (holandês)
    gra**tu**ito
    mo**nó**lito (pedra de grandes dimensões)
    ar**qué**tipo (modelo, protótipo)
    fluido
    ru**bri**ca
    bávaro (habitante da Baviera, na Alemanha)
    han**gar**
    ure**ter** (canal que conduz a urina dos rins à bexiga)
    cir**cu**ito
    for**tu**ito (acidental, não intencional)

Algumas palavras possuem um acento gráfico para assinalar o acento tônico. Outras não. Saber quando devemos colocar um acento gráfico para assinalar esse acento tônico consiste no capítulo da gramática chamado "acentuação gráfica".

Regras de acentuação gráfica

1. Regra das proparoxítonas

Todas as palavras proparoxítonas são acentuadas, sem exceção. Exemplos:

súbito, exército, ânimo, dúvida, máquina.

2. Regras das oxítonas

2.1. Todas as palavras oxítonas terminadas em a(s), e(s), o(s) são acentuadas graficamente. Exemplos:

até, fubá, café, está, avô.

Incluem-se também nessa regra:

a) monossílabos tônicos como: três, já, fé, pó;
b) formas verbais com pronomes átonos: fazê-lo, amá-lo.

2.2. Todas as palavras oxítonas de mais de uma sílaba terminadas em em(ns) são acentuadas graficamente. Exemplos:

refém, porém, parabéns.

Palavras como *quem*, *bem*, embora terminem em *em*, têm uma única sílaba. Por esse motivo, não recebem acento gráfico.

2.3. Todas as palavras oxítonas terminadas nos ditongos abertos ei, oi e eu são acentuadas: papéis, herói, chapéu.

Antes do atual acordo ortográfico, palavras paroxítonas como *ideia, epopeia* eram também acentuadas. Essa regra caiu porque em Portugal há regiões em que essas vogais são pronunciadas fechadas, como: *idêia, epopêia*. Às vezes são pronúncias até mesmo com um *a* fechado: idâia, epopâia. Afinal, o objetivo desse acordo foi o de unificar as grafias, apesar das diferenças de pronúncia.

3. Regras das paroxítonas

São acentuadas graficamente todas as palavras paroxítonas terminadas em:

a) ditongo (duas vogais pronunciadas dentro de uma mesma sílaba):

língua, princípios, próprio, órfão, inventário.

b) *l, n, r, x* (essas consoantes se encontram na palavra *rouxinol*, que você pode usar para não se esquecer dessa regra):

útil, amável, hífen, éden, éter, dólar, tórax.

Atenção: as palavras *hifens* e *edens*, no plural, não têm acento, pois terminam em **s** e não nas consoantes acima.

c) *um*(ns):

álbum, médiuns.

d) *i*(s), *u*(s):

júri, tênis, bônus.

e) ã(s):

órfã, ímãs.

f) *ps*:

bíce**ps**, fórce**ps**.

Dica: os casos mais frequentes de acentuação gráfica em português envolvem a regra das proparoxítonas (todas são acentuadas) e a regra das paroxítonas terminadas em ditongo (todas elas são também acentuadas). Dominando apenas essas duas regras, o aluno terá condições de acentuar corretamente a maioria das palavras de qualquer texto que vier a redigir. Em terceiro lugar, vem a regra das oxítonas terminadas em *a*(s), *e*(s), *o*(s). Dominando mais essa regra, ele estará a um passo de acentuar com correção a maioria dos textos que for escrever.

4. Acentuação do *i* e *u* tônicos

1) São acentuados o *i* e o *u* tônicos quando:

   a) formarem hiato com a vogal anterior;
   b) estiverem sozinhos em suas sílabas ou seguidos de *s* na mesma sílaba;
   c) a sílaba seguinte não começar por *nh*.

Exemplos:

ba*ú*, sa*ú*de, sa*í*da, Lu*í*s.

Observações:

Se não houver hiato, não haverá acento no *i* ou *u* tônicos, como em *tatu, Itu, aqui, Davi*.

Se outra consoante que não seja *s* estiver na mesma sílaba, não haverá acento, como em *juiz, Raul*. No plural *juízes* (*ju-í-zes*), o *z* passa para a sílaba seguinte, ficando o *i* sozinho em sua sílaba. Isso faz com que esse plural seja acentuado.

Palavras como *rainha, bainha* não são acentuadas, uma vez que a sílaba seguinte principia com *nh*.

Se o *i* ou *u* tônicos forem antecedidos de ditongos, não se acentuam, como em *feiura*.

5. Regras de acento diferencial

5.1. Diferencial de timbre (aberto/fechado)

A única palavra em português em que uma vogal fechada é acentuada por oposição a uma vogal aberta é *pôde*, do verbo *poder*, no passado (Cabral *pôde* descobrir o Brasil, depois da viagem de Vasco da Gama), para diferenciar-se de *pode*, do mesmo verbo, no presente (Um democrata *pode* vencer as próximas eleições americanas). A palavra *fôrma* também pode ser acentuada, facultativamente. Recomendamos, porém, que os alunos a acentuem sempre, para evitar ambiguidades como:

Qual é a forma da forma do bolo?

Acentuando fôrma, teríamos:

Qual é a forma da fôrma do bolo?

5.2. Diferencial de intensidade

No novo acordo ortográfico, apenas o verbo *pôr* é acentuado, por oposição à preposição *por*. Veja que, se você pronunciar (ou escrever) *Eu vou por ali*, sem acentuar a palavra *por*, essa frase significa que você vai a algum lugar e acaba de escolher um caminho por onde ir. Mas, se você pronunciar (ou escrever) *Eu vou pôr ali*, acentuando *pôr*, isso quer dizer que você vai colocar alguma coisa em algum lugar.

5.3. Diferencial morfológico

Esse acento aparece na terceira pessoa do plural dos verbos *ter* e *vir* (e seus derivados), para diferenciá-la da terceira pessoa do singular:

ele tem	eles têm
ele vem	eles vêm
ele detém	eles detêm
ele obtém	eles obtêm

Referências bibliográficas

O professor poderá, caso tenha necessidade ou interesse, consultar a bibliografia a seguir para ampliar seus conhecimentos em relação a cada um dos capítulos do livro.

Capítulo 1 – A linguagem humana e as línguas do mundo

JACKENDOFF, Ray. Cognition of Society and Culture. *Language, Consciousness, Culture*: Essays on Mental Structure. Massachusets: The Mit Press, 2007.

KÖVECSES, Zoltan. *Language, Mind, and Culture*. Oxford: Oxford University Press, 2006.

Capítulo 2 – O que é um texto

ABREU, Antônio Suárez. *O Design da Escrita*: Redigindo com criatividade e beleza, inclusive ficção. São Paulo: Ateliê, 2011.

CHAROLLES, Michel. *Introduction Aux Problèmes de la Coherence des Textes*. Paris: Larousse, 1978.

FAUCONNIER, Gilles. *Mental Spaces*. Cambridge, Massachusets: The Mit Press, 1994.

KOCH, Ingedore G. Villaça. *O Texto e a Construção dos Sentidos*. São Paulo: Contexto, 2008.

_____; TRAVAGLIA, L. C. *A Coerência Textual*. São Paulo: Contexto, 1993.

Capítulo 3 – O texto e suas referências

ABREU, Antônio Suárez. *O Design da Escrita*: Redigindo com criatividade e beleza, inclusive ficção. São Paulo: Ateliê, 2011.

ABBOTT, Barbara. *Reference*. Oxford: Oxford University Press, 2010.

CAVALCANTE, Mônica Magalhães et al. (Org.) *Referenciação*. São Paulo: Contexto, 2003.

Capítulo 4 – Construção da coesão textual

ABREU, Antônio Suárez. *O Design da Escrita*: Redigindo com criatividade e beleza, inclusive ficção. São Paulo: Ateliê, 2011.

_____. *Curso de Redação*. 12. ed. São Paulo: Ática, 2010.

GREGOLIN, Maria do Rosário Valencise. Linguística Textual e Ensino de Língua: Construindo a textualidade na escola. *Alfa: Revista de Linguística,* São Paulo, v. 37, 1993.

Capítulo 5 – Algumas informações importantes sobre os pronomes

ABREU, Antônio Suárez. *O Design da Escrita*: Redigindo com criatividade e beleza, inclusive ficção. São Paulo: Ateliê, 2011.

CASTILHO, Ataliba Teixeira de. *Gramática do Português Brasileiro*. São Paulo: Contexto, 2010.

Capítulo 6 – Coesão textual com o uso de advérbios de lugar, elipse e sinônimos

ABREU, Antônio Suárez. *Curso de Redação*. 12. ed. São Paulo: Ática, 2010.

CAVALCANTE, Mônica Magalhães et al. (Org.). *Referenciação*. São Paulo: Contexto, 2003.

Capítulo 7 – Substantivos abstratos na construção da textualidade

ABREU, Antônio Suárez. *O Design da Escrita*: Redigindo com criatividade e beleza, inclusive ficção. São Paulo: Ateliê, 2011.

BASÍLIO, Margarida. *Formação e Classes de Palavras no Português do Brasil*. São Paulo: Contexto, 2009.

Capítulo 8 – Sintaxe: eixo da textualidade

ABREU, Antônio Suárez. *Gramática Mínima para Domínio da Língua Padrão*. 3. ed. São Paulo: Ateliê, 2012.

BECHARA, Evanildo. *Moderna Gramática Portuguesa*. Rio de Janeiro: Lucerna, 1999.

DIK, C. Simon. *The Theory of Functional Grammar*. Dordrecht: Foris Publications, 1989.

Capítulo 9 – Quando o predicador é um adjetivo: funcionalidade do verbo ser

ABREU, Antônio Suárez. *Gramática Mínima para Domínio da Língua Padrão*. 3. ed. São Paulo: Ateliê, 2012.

Capítulo 10 – Gêneros de texto

ABREU, Antônio Suárez. *O Design da Escrita*: Redigindo com criatividade e beleza, inclusive ficção. São Paulo: Ateliê, 2011.

MARCUSCHI, Luiz Antônio. *Produção Textual:* Análise de gêneros e compreensão. São Paulo: Parábola Editorial, 2008.

Capítulo 11 – Tipos textuais

ABREU, Antônio Suárez. *O Design da Escrita*: Redigindo com criatividade e beleza, inclusive ficção. São Paulo: Ateliê, 2011.

MARCUSCHI, Luiz Antônio. *Produção Textual:* Análise de gêneros e compreensão. São Paulo: Parábola Editorial, 2008.

Capítulo 12 – Sintaxe como eixo da textualidade
Verbo e sujeito: um caso de concordância

ABREU, Antônio Suárez. *Gramática Mínima para Domínio da Língua Padrão*. 3. ed. São Paulo: Ateliê, 2012.

Capítulo 13 – Aposto e vocativo, termos com função interdiscursiva

ABREU, Antônio Suárez. *Gramática Mínima para Domínio da Língua Padrão*. 3. ed. São Paulo: Ateliê, 2012.

Capítulo 14 – Sintaxe como eixo da textualidade
As locuções verbais e os verbos auxiliares

ABREU, Antônio Suárez. *Gramática Mínima para Domínio da Língua Padrão*. 3. ed. São Paulo: Ateliê, 2012.

BECHARA, Evanildo. *Moderna Gramática Portuguesa*. Rio de Janeiro: Lucerna, 1999.

Capítulo 15 – Argumentação

ABREU, Antônio Suárez. *A Arte de Argumentar Gerenciando Razão e Emoção*. 12. ed. São Paulo: Ateliê, 2011.

PERELMAN, Chain & OLBRECHTS-TYTECA, Lucie. *Traité de L'Argumentation*. 5. ed. Bruxelles: Editions de l'Université de Bruxelles, 1988.

Capítulo 16 – A natureza dos argumentos e os argumentos quase lógicos

ABREU, Antônio Suárez. *A Arte de Argumentar Gerenciando Razão e Emoção*. 12. ed. São Paulo: Ateliê, 2011.

PERELMAN, Chain & OLBRECHTS-TYTECA, Lucie. *Traité de L'Argumentation*. 5. ed. Bruxelles: Editions de l'Université de Bruxelles, 1988.

Capítulo 17 – Argumentos baseados na estrutura do real

ABREU, Antônio Suárez. *A Arte de Argumentar Gerenciando Razão e Emoção*. 12. ed. São Paulo: Ateliê, 2011.

PERELMAN, Chain & OLBRECHTS-TYTECA, Lucie. *Traité de L'Argumentation*. 5. ed. Bruxelles: Editions de l'Université de Bruxelles, 1988.

Capítulo 18 – Falácias não formais

ABREU, Antônio Suárez. *A Arte de Argumentar Gerenciando Razão e Emoção*. 12. ed. São Paulo: Ateliê, 2011.

Capítulo 19 – Algumas palavras sobre persuasão

ABREU, Antônio Suárez. *A Arte de Argumentar Gerenciando Razão e Emoção*. 12. ed. São Paulo: Ateliê, 2011.

BRETON, Philippe. *Argumentar em Situações Difíceis*. Trad. Sônia Augusto. Barueri: Manole, 2005.

PERELMAN, Chain & OLBRECHTS-TYTECA, Lucie. *Traité de L'Argumentation*. 5. ed. Bruxelles: Editions de l'Université de Bruxelles, 1988.

Capítulo 20 – Sintaxe como eixo da textualidade
Concordância com o verbo ser

ABREU, Antônio Suárez. *Gramática Mínima para Domínio da Língua Padrão*. 3. ed. São Paulo: Ateliê, 2012.

Capítulo 21 – Sintaxe como eixo da textualidade
Colocação dos pronomes átonos

ABREU, Antônio Suárez. *Gramática Mínima para Domínio da Língua Padrão*. 3. ed. São Paulo: Ateliê, 2012.

NEVES, Maria Helena de Moura. *Guia de Uso do Português*: Confrontando regras e usos. São Paulo: Unesp, 2003.

Capítulo 22 – Marcadores de atenuação

ROSA, Margaret Miranda. *Marcadores de Atenuação*. São Paulo: Contexto, 1992.

Capítulo 23 – Sintaxe como eixo da textualidade
Período composto: coordenação e subordinação

ABREU, Antônio Suárez. *Gramática Mínima para Domínio da Língua Padrão*. 3. ed. São Paulo: Ateliê, 2012.

BECHARA, Evanildo. *Moderna Gramática Portuguesa*. Rio de Janeiro: Lucerna, 1999.

Capítulo 24 – Sintaxe como eixo da textualidade
Estudo das orações subordinadas

ABREU, Antônio Suárez. *Gramática Mínima para Domínio da Língua Padrão*. 3. ed. São Paulo: Ateliê, 2012.

BECHARA, Evanildo. *Moderna Gramática Portuguesa*. Rio de Janeiro: Lucerna, 1999.

BYBEE, Joan. *Language, Usage and Cognition*. Cambridge: Cambridge University Press, 2010.

Capítulo 25 – Polifonia e intertextualidade

BARROS, Diana Luz Pessoa de; FIORIN, José Luís (Org.). *Dialogismo, Polifonia, Intertextualidade*. São Paulo: Edusp, 1994.

KOCH, Ingedore G. Villaça et al. *Intertextualidade:* Diálogos possíveis. São Paulo: Cortez, 2007.

Capítulo 26 – Sintaxe como eixo da textualidade
Estudo das orações adverbiais

ABREU, Antônio Suárez. *Gramática Mínima para Domínio da Língua Padrão*. 3. ed. São Paulo: Ateliê, 2012.

BECHARA, Evanildo. *Moderna Gramática Portuguesa*. Rio de Janeiro: Lucerna, 1999.

Capítulo 27 – Sintaxe como eixo da textualidade
Complementação ao estudo do período composto

ABREU, Antônio Suárez. *Gramática Mínima para Domínio da Língua Padrão*. 3. ed. São Paulo: Ateliê, 2012.

Capítulo 28 – Informações em destaque: topicalização e clivagem

ABREU, Antônio Suárez. *Gramática Mínima para Domínio da Língua Padrão*. 3. ed. São Paulo: Ateliê, 2012.

Capítulo 29 – Pontuação: uso da vírgula

ABREU, Antônio Suárez. *Gramática Mínima para Domínio da Língua Padrão*. 3. ed. São Paulo: Ateliê, 2012.

Capítulo 30 – Uso do acento grave da crase

ABREU, Antônio Suárez. *Gramática Mínima para Domínio da Língua Padrão*. 3. ed. São Paulo: Ateliê, 2012.

Capítulo 31 – Escrever criativamente: projeções e figuras

ABREU, Antônio Suárez. *O Design da Escrita*: Redigindo com criatividade e beleza, inclusive ficção. São Paulo: Ateliê, 2011.

GIBBS JR., Raymond. *The Poetics of Mind*. Cambridge: Cambridge University Press, 1995.

_____ & COLSTON, Herbert L. *Interpreting Figurative Meaning*. Cambridge: Cambridge University Press, 2012.

TURNER, Mark. *The Literary Mind:* The origins of thought and language. Oxford: Oxford University Press, 1996.

Capítulo 32 – Nova ortografia: o que mudou

ABREU, Antônio Suárez. *Gramática Mínima para Domínio da Língua Padrão*. 3. ed. São Paulo: Ateliê, 2012.

OUTROS TEXTOS

ABREU, Antônio Suárez. Conceptual Integration as a Tool for Description of Some Grammatical Phenomena in Portuguese. In: MOTA, M. B.; RAUBER, A. S.; MOURA, H. M. M. (Org.). Conferência Linguística e Cognição, 5, 2010. Anais... Florianópolis: Universidade Federal de Santa Catarina, 2012.

ELLIS, N. C.; LARSEN-FREEMAN, D. *Language as a Complex Adaptive System*. Ann Arbor: John Wiley & Sons, 2009.

FLEISCHER, E. Caos/Complexidade na Interação Humana. In: PAIVA, Vera Lúcia Menezes de Oliveira e; NASCIMENTO, Milton do (Orgs.). *Sistemas Adaptativos Complexos*: Lingua(gem) e aprendizagem. Belo Horizonte: Faculdade de Letras da UFMG, 2009.

HENGEVELD, K. The Architecture of a Functional Discourse Grammar. In: GÓMEZ-GONZÁLES, M. de A.; MACKENZIE, J. L. (Eds.). *A New Architecture for Functional Grammar*. Berlim: Mouton de Gruyter, 2004.

NEVES, M. H. de M. *Texto e Gramática*. São Paulo: Contexto, 2006.

SÃO PAULO. *Proposta Curricular do Estado de São Paulo*: Língua portuguesa. Maria Inês Fini (Coord.). São Paulo: SEE, 2008.

TAYLOR, R. John. *Cognitive Grammar*. Oxford: Oxford University Press, 2003.

FAUCONNIER, Gilles & TURNER, Mark. *The Way We Think*: Conceptual blending and the mind's hidden complexities. Nova York: Basic Books, 2002.

BACHE, C. (2001). Constraining Conceptual Integration Theory: Levels of blending and disintegration. *Journal of Pragmatics*, 37, 1615-1635.

O autor

Antônio Suárez Abreu é professor titular de Língua Portuguesa da Unesp e professor associado da USP. Tem mestrado, doutorado e livre-docência pela USP e pós-doutorado pela Unicamp. Publicou os livros: *Curso de Redação* (Ática) e *Gramática Mínima para Domínio Padrão, A Arte de Argumentar Gerenciando Razão e Emoção, O Design da Escrita:* redigindo com criatividade e beleza, inclusive ficção e linguística cognitiva, uma visão geral e aplicada (Ateliê).